AUTODISCIPLINA Y FORTALEZA MENTAL PARA EL ÉXITO Y LA FELICIDAD 2 EN 1

DESARROLLA TU DISCIPLINA, CONSTRUYE HÁBITOS DIARIOS SALUDABLES Y SUPERA LA PROCRASTINACIÓN Y ENCONTRAR LA VERDADERA LIBERTAD

STEWART HUNTER

DEVON HOUSE
PRESS

I

EL CAMINO HACIA LA AUTODISCIPLINA Y LA FORTALEZA MENTAL

UNA MIRADA PROFUNDA HACIA LO QUE ESTÁS APUNTANDO

C omencemos el viaje hacia una mejor autodisciplina y fortaleza mental al echar un vistazo a lo que estamos buscando hacer. En este capítulo, vamos a sumergirnos en lo que es la disciplina, y cómo deberías verla.

También discutiremos si la fortaleza mental es algo en lo que se puede confiar para las cosas cotidianas o en momentos en los que la presión es grande y no te conformarás con nada que no sea lo mejor para ti. Hablaremos más sobre la definición de fortaleza mental y cómo la vemos (comparándola con la forma en que deberíamos verla).

No todos los viajes son fáciles. Y te encontrarás con algunos obstáculos mientras viajas del punto A al punto B. Nadie nace con disciplina y fortaleza mental.

Este libro te mostrará cómo construir la disciplina y fortaleza mental desde cero. Ahora, hablemos un poco sobre la disciplina.

¿QUÉ SIGNIFICA SER DISCIPLINADO?

La disciplina es algo que se aprende. No es algo con lo que nacemos. Disciplina, significa ser capaz de realizar una tarea, te guste o no. Si estableces algunas reglas y normas a las que quieres adherirte para realizar esa tarea, al seguirlas, se podrían definir como disciplina.

Por ejemplo, digamos que quieres estar afuera de la cama a las 5 de la mañana. Aprendes a disciplinarte levantándote a esa hora, aunque la idea de dormir hasta más tarde sea tentadora. Ser disciplinado significa que te estás comportando de cierta manera.

¿Pero por qué la gente ve la disciplina como una "mala palabra"? Lo explicaremos en la siguiente sección.

LA DISCIPLINA SUENA COMO ... ENTONCES, ¿EN QUÉ SE DIFERENCIA?

La mayoría de la gente ve a la disciplina como algo malo. Específicamente, la palabra "disciplina" está asociada al hecho de que, cuando alguien hace algo malo (como robar galletas del tarro de galletas), necesita ser disciplinado por ello. Sin embargo, el uso de la palabra aquí, está en un contexto diferente.

No se te castigará durante un mes por ser perezoso o tener una mentalidad pobre. El tipo de disciplina que buscamos, es en el contexto de restringirte a ti mismo. Si hay algo que necesitas reducir o dejar de lado por completo, como los malos hábitos, por ejemplo, tendrás que disciplinarte.

Necesitas aferrarte a algo que pueda tener control sobre ti. Permitirte ceder a los vicios, no sólo validará el hecho de que le estás dando poder, sino que probará que tu nivel de disciplina o restricción es bajo.

No ceder, es una clara señal de fuerza. Especialmente cuando hablamos de fortaleza y resistencia mental. ¿Pero por qué es tan difícil de hacerlo?

Las recompensas de ser disciplinado y restringirte de tomar malas decisiones, están al alcance de la mano. Es como una olla de oro delante de ti, esperando a ser reclamada por ti. Sin embargo, de alguna manera, hacemos que sea imposible lograrlo.

Tendemos a sentirnos cómodos con nuestros malos hábitos y vicios. Y dependiendo de lo que sea, pagamos el precio por ello, a corto o largo plazo. Por ejemplo, echemos un vistazo a la procrastinación.

Tienes un gran proyecto por delante. La fecha límite es dentro de unas semanas. Cuanto antes lo hagas, mejor.

Pero decides posponerlo porque tienes una cantidad de tiempo para "holgazanear" cómodamente antes de la fecha límite. Así que te dices a ti mismo: "Al diablo. Puede esperar". Haces algunas de tus cosas favoritas como jugar a videojuegos, vegetar en el sofá y ver Netflix, o cualquier otra cosa.

Antes de que te des cuenta, pasan dos semanas y de repente estás bajo mucha presión para terminar el proyecto. Dejas que la presión te afecte mentalmente y sientes que estás a punto de volverte loco. Sacrificas el sueño, pospones otras cosas importantes, y todo lo que tienes que hacer.

Pronto te das cuenta de que, si hubieras hecho esto antes, tal vez no te sentirías como un zombi durante esos días. Aplazas las cosas que crees que vas a hacer mañana (pero nunca las haces hasta el último minuto). Ahora vamos a comparar eso con lo que deberías hacer.

Cierra los ojos por un momento. Imagina que ya has leído este libro, has adoptado los principios que has aprendido para ser más disciplinado y fuerte mentalmente. Ahora, repitamos ese mismo escenario.

Tienes un proyecto en marcha. Es para dentro de unas semanas. Piensas para ti mismo, perfecto tal vez pueda sacarlo del camino para poder hacer lo que quiera en mi tiempo libre. Así que, te dedicas al proyecto desde el primer día.

Relájate y tómate tu tiempo. No tienes prisa por hacerlo (y si lo hicieras, se notaría en la calidad). Pasa unas horas al día ignorando los mensajes de texto, las notificaciones de Facebook, etc.

Una de las notificaciones de tu teléfono que no conoces es una actualización de tu juego favorito. Probablemente no te importe en este momento porque tienes cosas más importantes que hacer. A veces, postergar las cosas puede favorecerte, cuando se trata de algo que tiende a ser una distracción (pero nos desviamos del tema).

Así que ha pasado una semana y media. El proyecto está hecho y antes de lo previsto. Claro, decidiste quedarte despierto hasta más tarde, porque te divertiste mucho haciendo algo que te mantuvo ocupado.

La calidad es impresionante. Nada es a medias. Y tu jefe, tu cliente, tus socios de proyecto o colegas están bastante contentos con el esfuerzo y el detalle que has puesto en él.

El trabajo muestra que te preocupaste por invertir tu tiempo sabiamente en las cosas importantes. Eso te da un nivel de confianza inigualable. Y aumenta tu fortaleza mental en el proceso.

Eso es porque has aprendido a disciplinarte, poniendo prioridades sobre todo lo demás. Has puesto los intereses de los demás por encima de ti mismo (y no te has sentido obligado a ello). Alguien quiso concretar un proyecto y tú te las arreglaste para invertir de tu tiempo y esfuerzo para ayudarlos.

Como resultado, se te recompensa generosamente por todos tus esfuerzos (y obtienes un bonito bono de pago como la cereza de la torta). ¿La disciplina y la fortaleza mental te harán ganar un aumento en tu trabajo? No podemos garantizarlo.

Pero podemos decir, que la disciplina y la fortaleza mental, tienen sus recompensas. Cuando seas capaz de refrenarte de tomar malas decisiones, te sentirás satisfecho mentalmente. Tu nivel de disciplina no sólo te afectará a ti, sino que también afectará a otros.

Por ejemplo, si el proyecto que hiciste es de mala calidad, entonces afectará a las personas con las que trabajas. El cliente evaluará a tu empresa de forma desfavorable y puede que cambie de marcha y trabaje con otra persona. Esto empañará la imagen de tu empresa y puede conducir a algunas decisiones difíciles para tu jefe, tanto a corto como a largo plazo (que puede incluir la reducción de tu salario como parte del proceso de reducción para que su empresa se mantenga a flote).

La disciplina, tanto si la tienes como si no, desencadenará un efecto dominó como ninguna otra cosa. Por eso la disciplina es tan importante. Si no la usas, quién sabe qué tipo de efecto tendrá en ti y en los demás de forma negativa.

¿QUÉ TAN CONFIABLE ES LA FORTALEZA MENTAL?

La fortaleza mental es un término que solemos usar en los deportes. Uno de los mayores defensores de ello es Bill Belichick. Y es una de las razones fundamentales por las que los Patriotas de Nueva Inglaterra han sido uno de los equipos más exitosos en la historia del fútbol, ganando un total de seis títulos en el Super Bowl.

Belichick dijo lo siguiente: "La fortaleza mental es continuar haciendo lo correcto, incluso cuando las cosas no van bien para ti personalmente". Vuelve a leer la última frase. El martillo se encuentra con el clavo.

La verdad es que la disciplina y la dureza mental van de la mano. Hay algunas cosas que deben hacerse, pero tienes un mal día y prefieres acostarte en el sofá, relajarte y olvidarte de todo. Podrías estar teniendo el peor día de tu vida, pero te corresponde hacer tu parte, aunque no te apetezca.

Echemos un vistazo a otro ejemplo donde la fortaleza mental y la disciplina van juntas. Supongamos que estás leyendo un hilo de comentarios en los medios sociales y alguien decide ser desagradable con otro basándose en alguna diferencia de opinión.

Lees el comentario y te surge la tentación de devolver el fuego con una respuesta enojada e igualmente desagradable. Eso sí, el comentario no fue directamente hacia ti. Tienes la opción de ignorarlo y seguir adelante (incluso si va en contra de lo que sientes que deberías hacer personalmente) o dejarte absorber y probar que, como el imbécil que dejó el comentario desagradable, eres tan indisciplinado y no tan fuerte mentalmente.

La verdad es que cualquiera que intente participar en estas guerras de comentarios menospreciando a alguien carece de disciplina y fortaleza mental. ¿Qué les molestó para llegar a ese punto? Es cierto lo que dicen: no te rebajes a su nivel (en este caso, su nivel de fortaleza mental y disciplina... o la falta de ellos).

¿Es confiable la fortaleza mental? La respuesta es sí. Sólo es poco fiable si eliges no usarla.

La fortaleza mental se construye para que puedas desempeñarte consistentemente, a un nivel en el que puedas hacer el trabajo, y nunca comprometer la calidad. La fortaleza mental te permite afinarte y mejorar. Y protege tu nivel de éxito en el presente y en el futuro.

No tienes que confiar siempre en el talento. Dependes de tu consistencia, tu voluntad de trabajar duro, y no dejes que nada se interponga en el camino de tus objetivos (ya sean objetivos a corto o largo plazo). La fortaleza mental es un elemento necesario en el liderazgo.

Al igual que la disciplina, la fortaleza mental afectará a los demás de manera positiva. Específicamente, los líderes mentalmente fuertes, tendrán las espaldas de aquellos que los sigan. Los fortalecerán y los animarán a mejorar (en lugar de hacerlos caer).

Cuando un líder pone en marcha un equipo, sus integrantes trabajan juntos como una unidad mentalmente fuerte y logran el objetivo común que desean. Por ejemplo, el liderazgo de Bill Belichick (y su "manera patriótica" de disciplinarse) le permitió ganar varios títulos del Super Bowl y consolidarse como uno de los mejores entrenadores de fútbol.

LA FORTALEZA MENTAL SUENA COMO ... ENTONCES, ¿EN QUÉ SE DIFERENCIA?

Cuando la gente piensa en la fortaleza mental, piensa que suena así: Sé duro, no muestres emociones y sigue haciendo lo que haces. En otras palabras, no dejes que nadie te vea llorar o enfadarte. Sólo sigue adelante como un robot sin emociones.

Este pensamiento no podría estar más lejos de la verdad. No deberías retener las emociones. Si estás pasando por un día difícil, está bien usar las emociones para superar el dolor.

Está bien llorar cuando has tenido un día difícil. Y no importa si alguien lo ve o no. Y está bien expresar tus frustraciones y tu ira.

Mientras te mantengas controlado y nunca dejes que tus emociones se salgan de control, invocar las emociones negativas para superar el dolor, te ayudará a ser más fuerte mentalmente. Puedes causar una impresión más positiva si sabes mantener una actitud positiva mientras manejas tus emociones a un nivel saludable (comparado con ser un robot sin emociones, que te hace parecer soso y aburrido).

La fortaleza mental debería parecerse mucho a tener una actitud mental positiva. Estás aceptando el hecho de que el fracaso ocurrirá varias veces. Cuando suceda, deberías avanzar con la sensación de saber que las cosas irán bien en el futuro.

El fracaso no es una indicación de que es el fin del mundo. Tampoco es un indicador de que debas renunciar a una vida de mediocridad o cualquier otra cosa. Además, manejar tu propio estrés en situaciones estresantes es también un pilar definitorio de la fortaleza mental.

Independientemente de si las cosas van mal o si te sientes presionado, la última cosa que debes hacer es retirarte y renunciar. Incluso cuando se trabaja con el estrés, siempre habrá una recompensa al final del túnel. Y esa sensación de logro te dará el subidón de dopamina que te mereces.

La fortaleza mental se basa en los siguientes cuatro pilares: Desafío, Control, Compromiso y Confianza. Cuando las cosas se pongan difíciles, querrás tener el control. Ve hasta el final y tendrás la confianza de conquistar cada uno de los desafíos que enfrentes.

El control es el más importante de los cuatro pilares. O controlas el estrés y la presión, o estos te controlarán a ti. Tienes el poder de superar cualquier desafío, así que no dejes que sea al revés.

COMO CUALQUIER OTRO CAMINO EN NUESTRA VIDA, ESTÁ DESTINADO A TENER BACHES

Este dicho es muy cierto: hay caminos en la vida que se pondrán difíciles. Algunos de ellos tendrán obstáculos que serán un reto a superar. Pero todo eso es parte del viaje.

Es un camino menos transitado. Pero lo que la mayoría desconoce es que llegas a tu destino más rápido. Antes de que digas algo más, este camino no es un atajo.

Compara este con otro camino. Es suave, llano y tiene mucha luz. Lo ves hasta el horizonte.

¿Va al mismo destino? Sí, lo hace. No hay nada en el camino, no hay bloqueos, no hay obstáculos.

Parece lo suficientemente simple como para viajar en él, ¿verdad? ¿Qué podría salir mal? Viajas por el camino y llegas al final cuando de repente te encuentras cayendo a mil pies de profundidad.

Es una prueba irrefutable de que lo que puede salir mal, saldrá mal. Las cosas pueden ir "sin problemas" y de repente te caes y pierdes el control. Sobrevives a la caída milagrosamente. Pero el viaje se hace mucho más difícil (sin mencionar que toma un período de tiempo más largo para llegar a tu destino).

En pocas palabras, puedes optar por aceptar el hecho de que habrá desafíos y caminos llenos de baches a lo largo del camino. O puedes tomar la ruta "fácil" y de repente verte cayendo de un "acantilado" cuando menos te lo esperas.

Ahora que eres consciente de esto, la pregunta que te harás regularmente es "¿hacia dónde me dirijo a partir de aquí?" Si te ves atrapado en este camino lleno de baches y tienes dificultades para navegar por los obstáculos, siempre puedes pedir ayuda.

Es fácil para nosotros ser tercos y evitar la idea por miedo a la vergüenza. Pero nadie ha muerto nunca por pedirle a ayuda a otro sobre cómo pasar de un punto a otro en su viaje hacia la autodisciplina y la fortaleza mental. Busca a las personas que crees que son las más disciplinadas y mentalmente fuertes que conoces y hazles todas las preguntas que tengas.

En ese momento, puedes aprender de ellos sobre su propio viaje, qué les ayudó a ellos a construir su autodisciplina y fortaleza mental. Ellos han estado ahí y lo han hecho. Saben que los caminos están llenos de obstáculos y baches.

¿Tienes que copiar todo lo que te digan al pie de la letra? No, en realidad no. Pero puedes encontrar algunos excelentes consejos e ideas, para ayudarte a superar mejor los obstáculos, mientras viajas por los caminos escabrosos hacia la autodisciplina y la fortaleza mental.

RECAPITULANDO

En este punto, ya sabes la verdad sobre la disciplina y la fortaleza mental. Ya hemos desacreditado los viejos mitos de que la disciplina es algo malo. Y que la fortaleza mental no significa ser un robot sin emociones tampoco.

La disciplina, es donde la restricción entra en juego, cuando algo tiene suficiente poder para absorberte, para hacer lo contrario de lo que quieres hacer. Es fácil para nosotros conseguir esa media hora extra de sueño por la mañana. O dormirnos en los laureles durante horas y ver nuestros programas favoritos en Netflix.

Tu falta de disciplina es algo que no sólo te afectará a ti, sino también a otras personas. Es un efecto dominó como ninguna otra cosa. La disciplina y la fortaleza mental van de la mano (especialmente cuando el control es una de las claves para esto último).

Establecer la disciplina y la fortaleza mental, se trata de tener control. O te controlas a ti mismo o dejas que los vicios de la procrastinación y los malos hábitos te controlen. Además, tendrás que ser consciente de que existirán desafíos.

Dependerá de ti conquistar esos desafíos, mientras manejas tu estrés al mismo tiempo. Lo verás constantemente, sin importar cuántos obstáculos enfrentes. Cuando conquistes los desafíos, aumentarás tu confianza.

Cuanta más confianza tengas, vencer los desafíos será tan fácil y te requerirá tan poco esfuerzo como pedir tu pizza favorita. Ahora que tienes una visión completa de lo que estamos buscando, es hora de identificar los obstáculos que se interponen en el camino.

En el próximo capítulo, cubriremos varios obstáculos comunes que puedes haber encontrado (y que probablemente vuelvas a encontrar) en el camino hacia la disciplina y la fortaleza mental. Ponte el cinturón, pasa la página y demos un paseo.

II

¿QUÉ SE INTERPONE EN TU CAMINO?

2

TU PEOR ENEMIGO, ERES TÚ MISMO

¡Pum! Inmediatamente, comenzamos este capítulo con un golpe en la realidad. Como el nombre del capítulo, tu peor enemigo, tu archienemigo en lograr la autodisciplina y la fortaleza mental no es otro que tú mismo. No tiene sentido culpar a nadie más o a la situación por esto.

Es fácil culpar a otro de nuestros errores. Especialmente cuando se trata de una falta de disciplina y debilidad mental. De hecho, es un síntoma importante de ambas.

En este capítulo, hablaremos de lo que te convierte en el enemigo público número uno, en lo que respecta a este objetivo final que intentamos alcanzar. También tenemos una pequeña sorpresa más que se te presentará (y para advertirte, es una especie de sorpresa no deseada). Una vez que descubras lo que es, discutiremos lo que puedes hacer al respecto para que puedas andar por el buen camino en lugar de continuar girando en círculos negativos.

Ahora que sabes que tú, eres tu propio peor enemigo, en términos de intentar ser más disciplinado y mentalmente fuerte, vamos a llegar a los temas comunes que hacen que esto suceda (aunque aún no sepas nada de ellos):

TUS PRIORIDADES ESTÁN POR TODAS PARTES Y NO PUEDES CONCENTRARTE EN UNA SOLA COSA

Por supuesto, esto es común para casi todas las personas. Tendemos a trabajar en una cosa y luego pasamos a la siguiente diez segundos más tarde, y repetimos el proceso. Es un círculo vicioso sin fin.

Es fácil para nosotros perder la atención en una tarea, porque ahora estamos prestando atención a otra. Pero esa cantidad de atención que recibe esa tarea, es efímera y fugaz, porque luego vemos otra cosa a la que prestar atención. Antes de que nos demos cuenta, perdemos la pista de todo y no es más que un enorme lío confuso.

La palabra clave aquí es priorización. Se trata de anteponer la tarea más importante frente a las otras tareas que debemos hacer. Entonces, ¿por qué es tan difícil de hacer?

Eso es porque mezclamos nuestras prioridades con nuestras metas personales. Claro, esos objetivos son importantes. Pero hay cosas que hay que hacer de antemano.

Querrás planificar tus prioridades claramente, antes de que comience el día. Y hay algunas razones por las que debe ser así:

- Con prioridades claras y planificadas, puedes estructurar tu día. Realiza la tarea más crítica antes de pasar a la siguiente. Debes hacer varias cosas, tu tiempo es limitado y los plazos deben ser ajustados. Cuanto más se acerca el plazo, más crítico es.

- Esto te mostrará cómo utilizar eficazmente las palabras "sí" y "no". Con respecto a esto último, vas a aprender a decirlo sin dudar ni estresarte por ello. Deberás aprender a decir "no" a las cosas que no son tan urgentes ni tan importantes. Explicaremos esto con más detalle más adelante.

- Invertirás tu tiempo sabiamente y, a veces, por la fuerza (dependiendo de qué tan crítica sea la tarea). Con un plan establecido, con tus prioridades por delante del resto, sabrás exactamente dónde dedicar tu tiempo y cuánto tiempo dedicar a cada tarea. Sin mencionar que estarás preparado para realizar las tareas, sin sacrificar la calidad. Ten en cuenta que hay poco o ningún espacio para medias tintas.

- Aprenderás a concentrarse en UNA tarea a la vez. Claro, las personas piensan que son buenos para realizar múltiples tareas. El hecho de que tú también lo pienses, no significa que debas hacerlo. De hecho, debes resistir a la tentación de intentar realizar múltiples tareas tanto como sea posible. Eres solo un humano y solo puedes hacer tanto como sea posible. En lugar de realizar múltiples tareas, debes delegar si es necesario.

Una de las mejores formas de planificar y priorizar tus tareas es utilizando una tabla de Dwight D. Eisenhower, un líder militar que más tarde se convirtió en presidente de los Estados Unidos. Eisenhower ideó una manera de anteponer sus tareas más críticas frente a todo lo demás.

Esto se conoció como la Matriz de Eisenhower. Para tener una idea de cómo se ve esto, presta atención al siguiente cuadro:

Urgente/Importante	¿Hacer o no hacer?
Urgente E Importante	Hacer
Urgente PERO No Importante	Delegar (pero hacerla si el tiempo me lo permite)
No urgente PERO Importante	Hacer, pero más adelante
No urgente Y No Importante	No hacer

La Matriz de Eisenhower está separada en cuatro cuadrantes determinados por su urgencia e importancia. Si la tarea es urgente e importante, será tu tarea más crítica. Y debe hacerse, antes que nada.

Si la tarea es urgente pero no importante, es probable que optes por delegar en alguien que pueda hacerla por ti (suponiendo que el nivel de urgencia sea alto). Si tienes la suerte de hacerte un tiempo suficiente para realizarla, hazlo. Pero usa tu mejor criterio en tal situación.

El siguiente cuadrante es para las tareas que no son urgentes, pero son importantes. De hecho, estas tareas son lo suficientemente importantes como para que le prestes atención. Sin embargo, el momento de llevarlas a cabo, no es tan urgente. Podrías programarlo para hacerlo al día siguiente o al próximo.

Por último, tenemos las cosas no urgentes y no importantes. Aquí es donde se enfoca mucha gente. Estas son las tareas que nos hacen procrastinar y dejar de lado otras tareas que tienen mucha más prioridad.

En este caso, querrás ser lo suficientemente disciplinado para saber que decir "no" a estas tareas, está bien. No tienes que hacer todo para terminar todo ya. Además, querrás aprender las palabras "no ahora" en términos de esas tareas no urgentes, pero sí importantes.

La verdad es que debes prestar mucha atención a tus tareas más críticas (tus tareas urgentes E importantes). La última cosa que quieres hacer es quitarles a estas tu atención y tu tiempo. Hazlo una vez y serás absorbido por el espiral de hacer otra cosa que tiene poca o ninguna prioridad, sobre la tarea en cuestión.

Usa la Matriz de Eisenhower para colocar tus tareas más críticas en el cuadrante URGENTE e IMPORTANTE primero, mientras planeas el día. Luego programe la siguiente tarea URGENTE y NO IMPOR-TANTE, seguida por la última NO URGENTE pero IMPORTANTE.

LA TENDENCIA A PENSAR DEMASIADO E IMAGINAR LO PEOR

Ah, sí. Pensando demasiado. Si ese no es uno de los síntomas más graves de no hacer nada, no sabemos cuál es. Pero, ¿qué causa exacta-mente el pensamiento excesivo?

Lo creas o no, hay algunas cosas que pueden provocar el pensamiento excesivo. Vayamos al grano para identificarlas:

- **Errores pasados:** La gente comete errores. Esa es una verdad innegable. Pero el verdadero problema es que, debido a ellos, la mayoría de la gente tiene miedo de volver a hacer algo. Temen estropear algo y eso genera un problema. Temen al fracaso (y lo consideran una oportunidad para darse por vencidos y seguir adelante).

- **Reproducir la misma escena en tu cabeza repetidamente:** Supone que tienes una presentación próximamente. Una grande en la que conseguirías un gran cliente si tienes éxito. Y si cometes un error, te costará. Los "qué pasaría si las cosas salieran mal" tienden a aparecer. Está bien practicar y ensayar la presentación para pulirla. De hecho, pensar demasiado te consumirá mucho tiempo que, de lo contrario, deberías dedicarlo a ensayar tu presentación. Y si cometes un error, no le des mucha importancia. Actúa como si nunca hubiera sucedido, y sigue adelante.

- **Te enfocas en el "peor escenario":** La visualización es una gran herramienta de preparación. Y no hay nada de malo en ello. Sin embargo, visualizar lo peor que podría suceder, te dominará mentalmente hasta un punto en el que el miedo al fracaso se asentará. En lugar de concentrarte en lo peor, concéntrate en el mejor de los casos. Cuanto más lo visualices y lo practiques, mejor te irá. Además, no te preocupes por la perfección. Ensaya como si estuvieras en la situación real.

- **Preocuparte por cosas que escapan a tu control:** Todo el mundo se preocupa por algo. Especialmente cuando se trata de cosas que no pueden cambiar ni controlar. No es culpa tuya que una desagradable tormenta haya dejado sin electricidad a la ciudad y haya dejado la ciudad a oscuras. Tampoco es culpa tuya, si algún vil villano cibernético hackea la red informática de la oficina, lo que también complica las cosas en el proceso. Otra cosa que está fuera de tu control es la toma de decisiones de otra persona. Puedes persuadir a alguien para que tome una decisión hasta cierto punto. Sin embargo, si no lo hacen, no te preocupes. Es su decisión y no puedes culparlos por ello. Visto desde el lado positivo, podría ser la peor decisión que hayan tomado y lo lamentarán más temprano que tarde.

POR QUÉ ES MALO PENSAR DEMASIADO

Si piensas que pensar demasiado es algo menor, te sorprenderías. Pensar demasiado puede influir negativamente en tu psique mental. De hecho, podría desencadenar enfermedades mentales que podrían hacerte perder la cordura y la paz mental.

No sólo eso, sino que pensar demasiado, hará que la resolución de problemas sea aún más difícil. Incluso puede hacer que la resolución del problema más básico, que podría ser resuelto en cinco segundos, se haga muy compleja para ti. Es difícil imaginar que eso le pueda ocurrir a alguien, pero sucede.

Por último, pero no menos importante, también puede afectar a tus patrones de sueño. Es bueno tener una mente despejada y clara, y eso sucede cuando estás bien descansado. Pensar demasiado será el mayor obstáculo para que eso suceda.

Convertirás lo que de otra manera podría ser de 7 a 9 horas de sueño en 3 a 4 horas. Y eso es lo último con lo que quieres lidiar cualquier día de la semana.

Cómo "combatir" tu pensamiento excesivo

Entonces, ¿cómo puedes eliminar tu pensamiento excesivo? Lo que quizás no sepas es que existen soluciones simples. Aquí hay algunas cosas que te recomendamos que hagas para asegurarte de que el exceso de pensamiento sea cosa del pasado:

Debes saber lo que puedes controlar y lo que no:

Lo que debes hacer es aceptar el hecho de que no puedes cambiar o controlar las cosas que están más allá de ti. Las cosas que no están directamente asociadas contigo siempre sucederán. Siempre es bueno estar preparado para adelantarte un poco a la caída, cuando las cosas van mal.

Por ejemplo, si estás haciendo una presentación de PowerPoint, ten a mano algunas copias impresas en caso de que la computadora que usas muera misteriosamente. Si esto sucede, simplemente ignóralo, como otra de esas cosas que no puedes controlar, entrega las copias impresas a las personas a las que estás presentando el trabajo y guíalos en un seguimiento. No solo quedarán impresionados con la forma en que manejaste tal situación, sino que les encantará que alguien haya tomado la iniciativa de adelantarse a la Ley de Murphy.

El optimismo es la clave: si fallas, no será el fin del mundo. Piensa que algún día habrá un resultado favorable. Ese día podría llegar mañana, dentro de seis meses o el año que viene. Pasará. No dejes que el fracaso sea el fin de todo.

Anímate: es fácil ser duros con nosotros mismos. Pero eso realmente introducirá algunas semillas negativas en tu forma de pensar.

En cambio, puedes ser tu mejor animador. Incluso si nadie cree en lo que puedes hacer, tú debes ser tu mejor creyente. Y eso solo te coloca una cabeza por encima de los hombros de aquellos que no piensan de esta manera.

Aprende a meditar: no hay nada más satisfactorio que la meditación. No, no tienes que cerrar los ojos y cantar "omm" cada minuto. Puedes hacerlo tranquilamente en un espacio separado, donde nadie pueda molestarte. También seríamos negligentes si no te sugerimos ninguna aplicación de meditación guiada como Calm o Headspace. Además, algunos videos de meditación guiada en YouTube siempre serán útiles. También podrías incorporarlo en tu rutina diaria. No tiene por qué ser una meditación larga. Simplemente reserva cinco minutos de tu día y pruébalo.

Con tu capacidad para eliminar el pensamiento excesivo con poco o ningún esfuerzo, tendrás una de las habilidades clave, que sin duda te distinguirá de aquellos que carecen de disciplina y fortaleza mental. Restringir los pensamientos negativos y las dudas sobre uno mismo, es una habilidad poderosa que se mostrará a través de tu lenguaje corporal y tu forma de comportarte.

No hay manera de engañar a tu subconsciente. Si tienes una mentalidad interior positiva y entrenas a tu cerebro para que no piense demasiado, la gente conocerá a un individuo mentalmente fuerte y autodisciplinado sin siquiera hacer una sola pregunta.

SÓLO ADMÍTELO, NO TE GUSTA LA RESPONSABILIDAD

No estamos tratando de sonar groseros ni nada. Muchos de nosotros no somos grandes fanáticos de la responsabilidad. Y es más que probable que tú seas uno de ellos.

Sólo debes saber que no estás solo en este sentimiento. La gente odia ser capaz de reconocer las cosas. Y ahí es donde es fácil culpar a los demás, aunque en el fondo sabes que tienes la culpa.

La gente parece evitar la responsabilidad como si fuera una plaga. La responsabilidad en sí misma es como un sabueso. No importa cuánto te la quites de encima, te perseguirá y pronto descubrirá dónde te escondes. Por lo tanto, también podrías asumir responsabilidades cuando se presente la oportunidad.

Aprender a asumir responsabilidades, debería ser enseñado a una edad suficientemente temprana. Ser responsable ayudará a fortalecer tu bienestar, tu toma de decisiones y tu productividad. Además, la responsabilidad también te ayudará a fortalecerte en los momentos en que tomes ciertas decisiones.

Específicamente, estas son decisiones que no se llevarán bien con otras. Pero son el tipo de decisiones que te servirán para mejorar. Por ejemplo, eres un ejecutivo que se enfrenta a la responsabilidad de despedir a una de dos personas debido a los recortes.

Sabes que tomar una decisión así puede ahorrarle dinero a la compañía. Sin embargo, tu decisión puede afectar el destino de alguien que ha sido un empleado leal y dedicado durante varios años. Alterará el curso de su vida a largo plazo.

Necesitas tragar con fuerza, tomar una decisión y seguir adelante.

Por qué nadie quiere ser considerado responsable

Ser considerado responsable puede parecer un término legal. Sin embargo, en este contexto estamos debatiendo la responsabilidad en términos de lo que sucede cuando el resultado es negativo. No hay una sola persona viva que quiera un resultado negativo.

Los resultados negativos ocurren todo el tiempo. Pero la verdadera cuestión radica en cómo los manejará una persona. ¿Manejará el resultado negativo con optimismo y lo asumirá como una lección de aprendizaje? ¿O culparán a algo o a alguien más, sabiendo que el resultado puede estar bajo su control?

Hay unas cuantas razones por las que la gente hace esto último: en primer lugar, es que tienen miedo al fracaso. O, en lenguaje llano, no saben cómo manejarlo apropiadamente. En segundo lugar, no confían en sus habilidades. Y, por último, eligen no involucrarse en el proceso, tanto como les sea posible.

Así que deciden quedarse entre bastidores y no hacer nada por miedo a que, si las cosas salen mal, la culpa sea suya. La inacción te hará ganar una parte de la culpa, así que evitar la responsabilidad no te ayudará.

El miedo al fracaso o a la falta de confianza servirá de excusa. La realización de una tarea será suficiente para ayudarte a ganar la confianza para seguir adelante la próxima vez, tanto si fracasas como si no. Y una vez más, un fracaso no es motivo para acabar con todo.

Si das lo mejor de ti mismo y el resultado es negativo, es importante echar un vistazo a lo que salió mal, discutir lo que podría haberse hecho de manera diferente, y seguir adelante. Además, la gente te culpará por el fracaso (lo cual no deberías tomarte como algo personal). Culpar a otros es un signo de la incapacidad de manejar el fracaso por tu propia cuenta.

La incapacidad de manejar el fracaso y culpar a otros, afectará la moral y la mentalidad general de los demás. Eso hará que sea difícil para un grupo trabajar juntos en proyectos futuros o similares. Aprendan a manejar el fracaso juntos, si tal cosa ocurre.

La "difusión de la responsabilidad"

En un entorno de equipo, puede haber alguien que puede estar siguiendo ciegamente órdenes o instrucciones sin saber lo que todo esto conlleva. Esa persona normalmente se quedará de brazos cruzados y esperará a que alguien haga un movimiento. Esto se conoce como "difusión de la responsabilidad".

La persona que hace esto, necesita esperar a que alguien más haga el movimiento. No sólo eso, sino que pone a los otros miembros del equipo en una situación de presión en la que alguien tiene que hacer el movimiento. No dejes que la falta de iniciativa se reduzca a eso.

El Síndrome del "Sí"

Siempre es una buena idea conocer tus límites. Querrás aprender a decir "sí" a las responsabilidades correctas. Además, tendrás que aprender a asumir las cosas de una en una, en lugar de sobrecargarte.

Sobrecargarte de responsabilidades te abrumará. Y puede que te quedes paralizado como resultado. Comenzarás a entrar en pánico, a pensar demasiado y a preocuparte más por lo que hay que hacer primero.

Sólo esto hará que todo sea un caos. Pronto perderás la noción de lo que hay que hacer. Y te afectará mentalmente.

No te hagas esto a ti mismo. Debes saber de lo que eres capaz y cumplir con tus responsabilidades de acuerdo a ello. No te sientas presionado a decir "sí" a todas ellas.

Aprende a decir "no", explica tu razón (y haz que sea buena), y sigue adelante.

SIN QUE TÚ LO SEPAS, YA HAS DESARROLLADO EL SÍNDROME DE LAS FALSAS ESPERANZAS

¿Recuerdas la sorpresa que mencionamos antes en el capítulo? Bueno, aquí está. Lo sepas o no (y es probable que sea lo último), ya has desarrollado lo que se conoce como el síndrome de las falsas esperanzas.

Para darte un ejemplo de esto en acción, hablemos de los propósitos de Año Nuevo. Cada año, prometemos hacer un cambio para mejorar.

Puede ser perder peso, ganar más dinero, dejar de fumar, o cualquier otra cosa.

El verdadero problema es que no cumplimos esta resolución. ¿Por qué es esto exactamente? No hay un objetivo específico que se haya establecido. Sin mencionar que le falta estructura.

Es fácil para nosotros adoptar la vieja mentalidad de "hazlo a lo grande o vete a casa". Sin embargo, muchos de nosotros no parece que sepamos cómo establecer pequeños objetivos tangibles para llegar a uno mucho más grande. Así que en lugar de "perder peso", sólo di que estás planeando perder 20 libras.

Entonces puedes esbozar cómo llegar allí. Tendrás pequeños hitos que podrás alcanzar a lo largo del año. Y también hay una cosa que hay que tener en cuenta, establecer los objetivos que quieres alcanzar en base a tus propios valores.

Probablemente te estés rascando la cabeza con esta última parte. Vamos a explicarlo con más detalle. Digamos, por ejemplo, que quieres dejar de beber soda o café. Pero hay una cosa que se interpone en tu camino.

Le das un gran valor a la cafeína, que te ayuda a mantenerte despierto y alerta. Deshacerte del café o de la soda te hará cortar una de las cosas que más valoras. Y privarte de las cosas que son personalmente valiosas para ti te llevará a un eventual fracaso (y a renunciar a tus resoluciones).

Al establecer tus objetivos, considera cómo afectará esto a tus valores personales. Si la cafeína es realmente tan importante, querrás explorar alternativas que te aseguren que sigues obteniendo la cafeína que necesitas sin tener que recurrir a algo que no sea saludable.

Si bebes una cantidad abundante de refrescos con regularidad, considera la posibilidad de eliminarlos de tu dieta. En su lugar, bebe café o té con cafeína. Si es difícil dejar de tomar gaseosas, considera opciones de dieta o sin azúcar. Es posible hacer cambios sin dañar tus valores.

Reconoce los obstáculos que se interponen en tu camino

Si estás buscando una manera de alcanzar una meta o resolución, debes identificar los obstáculos que se interponen en el camino. Digamos que tienes un propósito de año nuevo y no lo cumples. ¿Qué pasó? ¿Qué se interpuso en el camino?

Además, pregúntate qué podrías haber hecho de forma diferente. Por ejemplo, volvamos al objetivo de perder peso. Quieres pasar tiempo haciendo ejercicio, así que decides al menos intentar hacerlo por la mañana antes del trabajo.

Sin embargo, te das cuenta de que tu ventana de tiempo no es suficiente, así que te rindes y culpas a la falta de tiempo. En lugar de hacer eso, deberías considerar establecer un período de tiempo específico. ¿Por qué no hacer ejercicio después de la jornada laboral? Puede ser tan simple como ir a casa, prepararte y hacer algún ejercicio durante 15 o 20 minutos y terminar el día.

Conoce tus valores y mantente fiel a ellos

Tus valores pueden funcionar juntos o trabajar en contra de los demás. Esa es otra razón por la que la gente encuentra que renunciar a sus objetivos y resoluciones es fácil. Es importante saber cuáles son tus valores y mantenerte fiel a ellos tanto como sea posible.

También querrás intentar mitigar cualquier posible conflicto tanto como sea posible. Perder peso mientras se come para manejar el estrés es contrario a tus objetivos. Así que, encuentra una alternativa para manejar y aliviar el estrés. Lo creas o no, hacer ejercicio es un gran eliminador de estrés.

Además, puedes usar ese estrés como una fuente de energía para ejercitarte sin colapsar. Te sentirás bien sabiendo que has utilizado ese estrés a tu favor y has decidido eliminar algunas calorías en el proceso. Serás una máquina mezquina y delgada, mentalmente fuerte, disciplinada y tendrás una manera infalible de manejar el estrés cuando las cosas se ponen difíciles.

¿Siempre harás ejercicio cada vez que estés en una situación estresante? No siempre. Por lo tanto, es importante encontrar otras técnicas de manejo del estrés también.

Siempre que esté dentro de tus valores personales y los resultados no se contrarresten con los beneficios, deberías mantenerte en forma.

TERMINAS HACIENDO ALGO DIFERENTE Y SIGUES JUSTIFICANDO TUS ACCIONES.

Cuando terminamos haciendo una cosa u otra, es fácil para nosotros justificar nuestras acciones. Cometemos errores e intentamos explicar por qué los hicimos. La autojustificación es un poco más peligrosa de lo que cualquiera de nosotros podría imaginar.

Defendemos nuestras acciones o errores como si fuera uno de esos momentos de "fue lo mejor que pude hacer". Es fácil para nosotros inventar excusas cuando no podemos darnos a nosotros mismos una respuesta directa (o nadie más puede hacerlo, para el caso).

Si metes la pata en algo y puedes repararlo, el mejor momento para empezar es ahora mismo. No esperes hasta mañana, la próxima semana o el próximo mes. Si metes la pata y tienes la oportunidad de empezar de nuevo, salta sobre ella lo antes posible (que obviamente es ahora).

Uno de los principales enemigos de la autodisciplina es ponerte excusas a ti mismo. La única manera de dejar de ponerte excusas es reconocer tus errores, prometerte a ti mismo que lo harás mejor, y decirte que lo puedes hacer.

Autojustificar nuestras acciones equivale a defender a alguien que cometió un acto atroz (aunque sepas que lo hizo). ¿Cómo puede alguien a quien admiras como mentor ser una buena persona cuando a puerta cerrada, es abusivo con su cónyuge? ¿Cómo puede alguien ser una buena persona públicamente, pero en privado, conspirar para explotar y estafar a las mismas personas con su dinero duramente ganado?

No existe tal cosa como hacer el mal y salir bien parado en el proceso. Esta es una de las señales seguras de alguien que carece de disciplina y fortaleza mental. Por mucho que lo intenten, una vez que su castillo de naipes cae, no tienen otra opción que acobardarse y no volver a ser vistos ni escuchados jamás.

Justificar la procrastinación

Esto es lo que pasa con la procrastinación: dejas algo que se puede hacer hoy, para hacer mañana. Una de las cosas que se suele decir para justificar este comportamiento es, por ejemplo, "tengo mucho tiempo durante el día". "Lo haré más tarde". Por lo tanto, prefieres invertir tu tiempo en otras cosas que crees que son importantes, mientras que la ventana de tiempo para hacer esa tarea exacta se reduce rápidamente.

Claro, un proyecto que se debe entregar dentro de dos semanas es tiempo suficiente. Pero cuanto antes se haga, mejor. De esa manera, puedes usar ese tiempo libre para concentrarte en otras cosas o relajarte (asumiendo que no tienes nada más que hacer).

Los Narcisistas: Carecen De Una Cosa, Pero No De La Otra

Si alguien continúa justificando sus acciones y repite una y otra vez sus errores, sin vergüenza, entonces, esto es un signo de narcisismo. Aquí hay un giro de la trama que te sorprenderá: lo creas o no, mientras que la gente narcisista tiende a hacer el mal y a justificar sus acciones, ellos mismos son mentalmente fuertes.

Pero no te estamos enseñando a ser narcisista. Los narcisistas usan ese poder como un arma de destrucción masiva. Te estamos mostrando cómo usarlo para un bien mayor.

Verás, los narcisistas usan la fortaleza mental para protegerse de la negatividad generada por la gente a la que dañan y perjudican a sabiendas. Justifican y explican sus acciones como si fuera lo correcto (cuando en realidad saben que están equivocados). Pero no les importa.

Les falta disciplina, pero tampoco les importa. A pesar de que son mentalmente fuertes, son indisciplinados. Se negarán a reconocer sus errores y culparán a los demás.

Por suerte para ti, este libro te da las claves para ser un individuo auto-disciplinado y mentalmente fuerte. A diferencia de los narcisistas de los que hablamos, estarás muy por delante de ellos en términos de asumir tus errores, aprender de ellos, culparte a ti mismo y seguir adelante.

Esto te ayudará a cultivar una imagen positiva de ti mismo a los ojos de tus amigos, familia y colegas. No puedes ser mentalmente fuerte e indisciplinado, ni ser disciplinado, pero no mentalmente fuerte.

Como combatir la Auto-justificación

Podemos tomar una decisión sin pensarlo dos veces y enfrentarnos a terribles consecuencias. Por ejemplo, puedes ser el gerente de una pequeña empresa y tomar decisiones basadas en recortes debido a tensiones financieras. Sin embargo, tomas imprudentemente tales decisiones aquí o allá, sin el conocimiento o la opinión de los empleados o clientes.

Hacer esto y decir "es en beneficio de la empresa" no va a convencer a nadie. Entonces, ¿cómo puedes tomar las decisiones correctas mientras combates cualquier oportunidad de autojustificarte? A continuación, se incluyen algunos consejos para tener en cuenta a largo plazo:

Piénsalo y pregúntale a alguien: si estás considerando tomar una decisión que tiene un peso importante, es importante que no la tomes a la ligera. Es bueno tomarte tu tiempo, sopesar los pros y los contras y descubrir a quién podría afectar esta decisión. Pregúntale a tus amigos más confiables, miembros de tu familia o colegas más cercanos, sobre lo que estás considerando hacer. Pregúntales sobre las ventajas y desventajas. Es mejor hablarlo y averiguar cuál sería el mejor o el peor escenario en caso de que se produzca.

Rodéate de las personas adecuadas: en este contexto, las personas adecuadas son aquellas que no tendrán ningún problema en estar en desacuerdo contigo. Cuando alguien no está de acuerdo contigo en una posible decisión, es muy probable que te esté haciendo un favor. Podrían estar evitando que cometas un error fatal que nunca podrá revertirse. También te ayudarán a enderezar el barco antes de que las cosas empeoren. Si estás en una posición de liderazgo, nunca es una buena idea estar rodeado de personas que dirán "sí" el 100 por ciento del tiempo.

Mantén tus emociones bajo control: cuando las decisiones se toman con altos niveles de emoción, la probabilidad de un desastre será aún mayor. Por eso es importante elaborar un plan en el que puedas tomar las decisiones más difíciles, manteniendo los niveles de emoción lo más bajos posible. En situaciones en las que estás negociando con la otra parte en un gran negocio, o cuando decides quién obtiene qué en tu testamento cuando fallezcas, querrá usar más lógica que emoción.

No utilices un lenguaje de autojustificación: "¿Qué pasa con?"... "Es legal" ... "No pude hacerlo porque" ... estos son solo una muestra del lenguaje de autojustificación. Es importante que te des cuenta de lo que dices, y utilices una alternativa que no te permita justificar una mala decisión.

No llegues a conclusiones pronto: antes de conocer los hechos reales, no llegues a una conclusión. Cuando surja nueva información, te verás obligado a retroceder, y esto te hará quedar mal. Además, crearías el clima perfecto para la autojustificación.

Cuanto antes reconozcas tus errores, mejor: ¿Por qué mentirte a ti mismo? ¿Por qué mentirle a los demás? Cuando sepas que has cometido un error, admítelo y sigue adelante. No lo alargue más de lo necesario.

Evalúa la situación: es importante evaluar una determinada situación en la que te encuentras. Pregúntate qué papel has desempeñado. Además, pregúntate qué se podría haber hecho para mejorarlo incluso si alguien más tiene la culpa (incluido tú mismo).

En pocas palabras, una verdadera piedra angular de la autodisciplina y la fortaleza mental es saber que está bien admitir tus errores. No te convertirá en un fracasado y ciertamente no lo verás de una manera negativa (a diferencia de negarlo, culpar a otros y seguir adelante). Resiste a la tentación de echarle la culpa a los demás, justifica tus decisiones que nunca fueron correctas para empezar, y actúe como si nada hubiera pasado y nadie resultará herido.

NO ESTÁS CUIDANDO DE TI MISMO

Lo sepas o no, tu falta de disciplina y fortaleza mental, te pueden pasar factura en más de un sentido. Específicamente, estamos hablando de tu salud física en general. La verdad es que la falta de disciplina y fortaleza mental puede llevarte a algunas decisiones no tan buenas.

Claro, es agradable darnos un capricho con una comida cada tanto de McDonald's aquí y allá. Pero comer comida rápida con regularidad, probablemente hará más daño que bien. Especialmente cuando se trata de alimentos ricos en grasas, sodio, calorías, etc.

Pero en este contexto, la pregunta que debemos hacernos es: ¿nos estamos cuidando mentalmente? La falta de concentración y enfoque puede llevarnos por algunos caminos que podrían no permitirnos dar marcha atrás.

Si constantemente te falta concentración y enfoque, puede estar relacionado con algunos factores. Por un lado, la falta de sueño podría ser uno de ellos. Aparte de eso, la falta de sueño también puede provocar efectos adversos en tu salud física. Y como hemos insinuado anteriormente, una mala alimentación puede hacer más daño que bien.

Comer los alimentos incorrectos de forma regular también puede provocar una falta de concentración y enfoque. Sería mejor que consideraras hacer algunos cambios en tu dieta. Cualquier cosa con alto contenido de azúcar (por ejemplo) te dará esa energía temporal y ese subidón antes de que vuelvas a caer y te sientas cansado.

Además, estar estresado todo el tiempo, también provocará problemas de salud. Cuando estás estresado, puedes olvidarte de la concentración y el enfoque. El estrés es como una aguja que te seguirá pinchando y pinchando hasta un punto en el que puede ser muy molesto. Eso te desviará de las tareas que tienes entre manos y te impedirá concentrarte en algo que te molesta más de lo que debería.

Lo creas o no, existen condiciones médicas en las que puede ocurrir una falta de enfoque y concentración (como TDAH, diabetes o incluso depresión). También puede ser un síntoma de algo que podría ser mucho peor.

(Nota: No somos profesionales médicos. Y no tenemos autoridad para brindarte un consejo médico sólido. Si tienes falta de enfoque o concentración y sufres de otros síntomas como dolores de pecho intensos, dolores de cabeza intensos, desorientación u otros signos de una afección grave, consulta inmediatamente a un profesional médico. Si bien hablamos de posponer las cosas para más tarde, hacerlo en esta situación podría tener consecuencias fatales).

Cómo cuidarte (mientras recuperas el control de tu concentración y enfoque)

Obviamente, la clave para una mejor concentración es cuidarte a sí mismo. En esta sección, te daremos una guía breve y fácil de seguir, sobre cómo mantenerte en el camino correcto. Estos pasos son muy sencillos de seguir desde el principio. Pero la parte importante es ser consistente y seguirlos tanto como te sea posible.

Esto es lo que tienes que hacer:

Descansa bien por las noches: Duerme entre 7 a 9 horas por noche. Apaga tus dispositivos electrónicos, incluyendo tu smartphone, por lo menos una hora y media o dos horas antes de acostarte (por ejemplo: Si tu hora de acostarte es a las 10pm, no uses tus dispositivos electrónicos después de las 8:30 pm).

Reduce el consumo de cafeína: Contrariamente a la creencia popular, la cafeína puede no ser tu salvación cuando se trata de la concentración. Y también puede servir como un obstáculo para una buena noche de sueño. Si tomas cafeína con regularidad, considera la posibilidad de dejar de tomarla al menos de seis a ocho horas antes de la hora de acostarte (es decir, de 2 a 4 de la tarde si te acuestas a las 10 de la noche).

Cambia tus hábitos alimenticios: En lugar de comer unas cuantas comidas importantes al día, extiéndelas. Hazlas pequeñas y frecuentes. Cuanto más comas, más lento te sentirás más tarde en el día. Además, querrás incorporar en tu dieta una buena cantidad de frutas, verduras, granos enteros y proteínas magras.

Reduce tus niveles de estrés: El estrés puede tener una gran influencia en tu concentración. Por lo tanto, necesitarás encontrar formas de reducirlo, incluso si tienes un tiempo limitado para ti mismo. Considera algunas sesiones breves de meditación. Si tienes suficiente tiempo, puedes leer un libro o escribir en un diario. En este último caso, escribe lo que te esté molestando. Escribe sobre lo que podrías haber hecho de forma diferente a lo largo del día, para estar mejor preparado.

Para que quede claro, no queremos abrumarte con la idea de hacer todas estas cosas a la vez. Pero tienes que empezar en algún lugar. Por ejemplo, si quieres tener una buena noche de descanso, entonces empieza por ahí. Si te quedas despierto hasta tarde y quieres acostarte más temprano, puedes ajustar gradualmente el tiempo semana a semana.

Por lo tanto, si te quedas despierto hasta la medianoche y tu objetivo es acostarte a las 10 de la noche, empieza por acostarte una hora antes una semana. Si eso es demasiado, regrésalo a media hora en su lugar. Redúcelo en incrementos de 30 a 60 minutos por semana hasta que alcances la meta deseada.

Recuerda, debes asegurarte de lograr tener de siete a nueve horas de sueño por noche. Y debes establecer tus horarios de corte en términos de cafeína y uso de aparatos electrónicos. Estarás bien descansado si sigues un horario de sueño consistente.

LA FALTA DE FUERZA DE VOLUNTAD, PERSEVERANCIA Y DEDICACIÓN

En esta sección, hablaremos de la fuerza de voluntad, la perseverancia y la dedicación. Cada palabra será definida y explicada rápidamente en detalle. Es importante tener estas tres habilidades en tu viaje hacia la autodisciplina y la fortaleza mental. Sin ellas, el viaje será imposible de continuar.

La Fuerza De Voluntad Definida Y Explicada

La fuerza de voluntad tiene múltiples definiciones. Sin embargo, no importa qué definición leas, todas dirán más o menos lo mismo. Escucharás palabras como impulso, autocontrol, autodisciplina, etc. La fuerza de voluntad está diseñada para ayudarte a reprimir las tentaciones (aunque sea a corto plazo). El propósito es garantizar que cumplas tus objetivos a largo plazo, sean cuales sean.

Si no fuera por la fuerza de voluntad, la humanidad no habría sobrevivido. Nuestros antepasados tuvieron que depender de ella para sobrevivir. Lo usamos para buscar comida, cuidar a nuestras familias y evitar cualquier amenaza externa a nuestro sustento. Ahora, aquí estamos, miles de años después, y parece que a la mayoría de nosotros ya no nos importa.

La verdad es que aquellos con un mayor nivel de fuerza de voluntad suelen ser más felices, más saludables y capaces de manejar el estrés en diversas situaciones. La pregunta es: ¿nacemos con fuerza de voluntad o tenemos que desarrollarla, como todo lo demás? Lo creas o no, la respuesta es sí... pero hasta cierto punto.

Toda persona nace con fuerza de voluntad. Y se puede construir como un músculo. Si careces de ella, puedes encontrar formas de conseguirla y fortalecerla. Al igual que ir al gimnasio, se necesitará tiempo, compromiso y disciplina para que sea un éxito total.

La fuerza de voluntad es también una prueba de paciencia y de la capacidad de controlarte. Por ejemplo, echemos un vistazo a un experimento conocido como "Prueba de malvavisco". Este fue un experimento realizado por Walter Mischel, psicólogo de la Universidad de Columbia.

Mischel administró las "Pruebas de malvaviscos" a niños en edad preescolar colocando un plato de malvaviscos sobre la mesa. Un niño se sentaría a la mesa con el plato frente a ellos. A continuación, se le darían al niño las siguientes instrucciones:

- El investigador que administra la prueba, le dijo al niño que dejaría la habitación por unos minutos. Si el niño esperaba a que regresara el investigador, podría tomar dos malvaviscos.
- Si el niño no puede esperar, podrá entonces tocar la campana que se encuentra frente a él. Una vez que suene la campana, el investigador reaparecerá y le indicará que tome solo un malvavisco.

Aquellos que esperaron a los dos malvaviscos demostraron que tenían más fuerza de voluntad que los niños que no la tenían. Años después de que se realizó la investigación, se descubrió que aquellos con más fuerza de voluntad tenían puntajes más altos en el SAT y un mejor índice de masa corporal (IMC).

La falta de fuerza de voluntad puede provocar serios problemas desde un bajo rendimiento académico hasta mala salud. Pero no siempre tiene que ser así. Puedes revertir esto simplemente construyéndola.

Perseverancia: qué es y cómo usarla

La perseverancia se define simplemente como la realización de la tarea en cuestión, incluso si hay dificultades en el camino. Un buen ejemplo de esto, es cuando se corre un maratón y se tiene que lidiar con un gran dolor de cabeza. Te dan ganas de vomitar y tal vez incluso de rendirte cuando te quedan unos pocos kilómetros por recorrer.

Pero quieres terminar la carrera. Has entrenado durante un año para llegar hasta aquí. Entonces, ¿por qué dejar que todo eso se desperdicie ahora? Eso es perseverancia.

Tienes algo planeado. Pero sabes que habrá dificultades (y algunas sorpresas) a lo largo del camino. Es importante que estés preparado y seas capaz de afrontar esos obstáculos, para que puedas seguir adelante y terminar la tarea.

Si estás trabajando en un proyecto de grupo, pueden ocurrir contratiempos, como la renuncia de alguno de sus integrantes (lo que lleva a que te quedes corto de manos). Pero puede ser posible hacer el trabajo con una persona menos (sobre todo si no era un miembro imprescindible del grupo).

El desarrollo de la autodisciplina y la fortaleza mental, será un desafío desde el principio. Te sentirás incómodo y será bastante doloroso. Porque es algo a lo que no estás acostumbrado en el día a día. Recuerda, también harás algunos sacrificios (pero valdrán la pena ya que no tendrás "retorno de la inversión").

No importa cuán incómodo o "doloroso" sea, querrás seguir adelante. Has planeado alcanzar una meta y has tomado la iniciativa para empezar a hacerlo. Si has trabajado en ello y has hecho algún progreso, lo último que quieres hacer es acabar con todo con sólo dejarlo. No sólo habrá sido una pérdida de tiempo de tu parte, sino que podría ser una pérdida de tiempo para otros (suponiendo que se trata de un proyecto de grupo o un objetivo en el que estás trabajando).

Cuando estás contra la pared y tienes un revés tras otro, es posible lograr la tarea que tienes entre manos sin importar lo que pase. Tu perseverancia preparará el terreno para disciplinarte y desarrollar una fortaleza mental que será difícil de igualar. Te debes contener para no tomar la salida fácil (y rendirte).

Recuerda, rendirte tendrá efectos a largo plazo. Una cosa sería insistir en el "lo que podría haber sido". ¿Qué pasaría si no te rindes? ¿Qué hubiese pasado si lo hubieras hecho de otra manera?

El empresario (y dos veces candidato presidencial) Ross Perot lo dijo mejor: "La mayoría de la gente se rinde cuando está a punto de alcanzar el éxito. Se rinden en la línea de una yarda. Se rinden en el último minuto del partido, a un pie de un touchdown ganador".

En otras palabras, la perseverancia te pondrá sobre la línea de meta. Cuando estés tentado a rendirte, a pesar de todos los obstáculos, no lo hagas. Puede que estés mucho más cerca de lo que crees, de lograr la fortaleza mental y la disciplina.

Dedicación: ¿Por qué es importante?

La dedicación es sinónimo de compromiso. Estar dedicado a algo, significa comprometerte a hacer el trabajo. No debes conformarte con nada menos. Cuando te dedicas a algo, tienes una pasión y lealtad inigualable a tu misión, y no te disculpas por ello.

Estar dedicado a lograr disciplina y fortaleza mental puede ser difícil para la mayoría. Pero hacer todo lo posible para conseguirlas, te pondrá una cabeza por encima los hombros de aquellos que no hacen nada en absoluto. Todo lo que necesitas es dar un paso más y estarás muy por delante. Sin embargo, es importante no detenerte y resistir el impulso de abandonar.

Cuando se trata de desarrollar la fortaleza mental, puede ser alimentada por la dedicación. Podrías estar dedicado a ti mismo o a una causa mayor. De cualquier manera, es importante que te mantengas comprometido. Puedes desarrollar fortaleza mental y mantenerte dedicado, incluso si decides dar pasos de bebé y no pasos gigantes. Mientras te tomes tu tiempo y te apegues al plan, valdrás oro.

RECAPITULANDO

La única persona que se interpone en tu camino para conquistar la disciplina y fortaleza mentalmente, eres tú. Es importante que planifiques y priorices tu día. Lo primero que querrás hacer son tus tareas más críticas. Cuanto antes se hagan, mejor.

No te preocupes por las tareas que no son tan urgentes o importantes. Si una tarea es urgente, pero no tiene mucha importancia, considera delegar la tarea a alguien dispuesto a hacerla por ti. Además, no te preocupes por las tareas que no es necesario hacer de inmediato. Llegará el momento en que te ocupes de ellas. Y por último, no hagas nada que te haga perder mucho tiempo (que de otra manera podrías invertir en otras cosas).

Pensar demasiado puede paralizarte. Y te impedirá dar los pasos necesarios para alcanzar tus objetivos. Averigua qué es lo que te hace pensar demasiado. Debes saber que hay cosas que sucederán más allá de tu control. Si eso sucede, encuentra una forma de manejarlo sin estresarte.

Es cierto que no somos fanáticos de la responsabilidad. Nos resulta fácil culpar a otros de nuestros errores y responsabilidades. Además, algunos de nosotros tendemos a esperar a que alguien más haga un movimiento y eso nos presiona luego, a hacer algo. Haz tu parte y haz el movimiento tú primero. Otros te seguirán. No tienes que estar en una posición de liderazgo per se para tomar la iniciativa en algo.

El síndrome de la falsa esperanza es algo con lo que nacemos. Pero puede tener remedio. Se cura fijando objetivos (no resoluciones). Debes esbozar esos objetivos en escalones. Y asegúrate de que estén en línea con tus valores. Nunca dejes que esos valores choquen entre sí o puedes encontrarte comprometiendo uno u otro.

La autojustificación puede ser necesaria, pero en su justa medida. Pero nunca debes justificar tus errores, ni hacer crear excusas para postergar las cosas. Las excusas son para los débiles e indisciplinados.

Ser un narcisista que descuidas la moral de los demás, mientras abusas del poder de la fortaleza mental, arrojará una oscura sombra sobre ti. Y para la mayoría de los que viajan por este camino, se hace demasiado tarde para volver atrás. Una prueba más de que somos nuestro peor enemigo.

Es importante reconocer tus errores y ser capaz de avanzar. Negar que cometiste un error e intentar justificarlo, empeorará las cosas. Simplemente sigue adelante, acepta tu error y recuérdate a ti mismo que no debes volver a hacerlo.

Por último, la construcción de la disciplina y la fortaleza mental requiere tres cosas: fuerza de voluntad, perseverancia y dedicación.

Todas van de la mano. Naciste con fuerza de voluntad. Pero es lo que haces con ella, lo que te destacará por sobre los demás.

La perseverancia te ayudará a salir adelante sin importar cuán difíciles se pongan las cosas. Y la dedicación a ti mismo, o a una causa superior, te ayudará a construir la fortaleza mental necesaria para hacer de la perseverancia un paseo por el parque.

3

UN MUNDO LLENO DE DISTRACCIONES

Si hay algo que acecha en cada esquina, no importa cuán cerca o lejos estés, es el peligro. Entonces, ¿qué es peligroso para la disciplina y la fortaleza mental de alguien? Las distracciones.

En el mundo moderno de hoy, las distracciones están por todas partes. Y vivimos justo en medio de ellas. Ya sean nuestros smartphones, ordenadores o cualquier cosa que esté diseñada para llamar nuestra atención, tendemos a dejarlo todo y prestarle aún más atención a estas distracciones.

Distraernos nos hará a aplazar las cosas más importantes y centrarnos en las menos importantes. Las distracciones tienen el poder de "encandilarnos" en lo increíble que es prestarles atención. Llegarán al punto en que te adormecerán en un trance y de repente, te engancharás. Antes de que te des cuenta, han pasado horas, y todavía no has hecho nada de lo que hay que hacer.

En este capítulo, profundizaremos en las distracciones y en cómo puedes minimizarlas en tu entorno de trabajo. Te mostraremos cómo asegurarte de que tu relación con los demás sea útil en tu vida y discutiremos el efecto Hawthorne y cómo puedes usarlo en tu beneficio.

Sintonicemos y vayamos directo al capítulo:

OBSERVA TODO LO QUE TE RODEA

Hay una potencial distracción aquí. Otra allí. Una distracción frente a ti.

Cuando miras bien a tu alrededor, es muy que probable que haya algo que te distraiga. Nueve de cada diez veces, tu teléfono puede estar al alcance de tu mano (así que aquí tienes una posible distracción). En pocas palabras, una distracción se define como algo diseñado para desviar tu atención de la tarea original en cuestión para que puedas centrarte en la distracción en sí.

Lo creas o no, existen dos tipos de distracciones: externas e internas. Las distracciones externas, como tu teléfono, a las que puedes acceder en determinados momentos. Además, pueden aparecer de la nada, ya sea a un metro de distancia o al otro lado de la calle.

Mientras tanto, las distracciones internas estarán todas en tu mente. Estás estresado, cansado, o tienes miles de cosas diferentes pasando por tu cabeza que no puedes reprimir. Lidiar con estas distracciones será mucho más difícil (pero te mostraremos cómo).

En pocas palabras, las distracciones están por todas partes. Y lo más cercano que pueden llegar a ti, es dentro de tu mente. En otras palabras, nunca estarás demasiado lejos de una, no importa en qué parte del mundo estés. Las distracciones vienen en variedad de diferentes formas y tamaños.

Las redes sociales, por ejemplo, son una distracción digital. Se ajustan a la forma que tú quieras, tanto sea la pantalla de tu teléfono o tu computadora. Y hay todo tipo de información a la que puedes acceder desde una plataforma de medios sociales. Merece el título superior de ser el archienemigo de la disciplina.

Puede parecer que las redes sociales hayan sido diseñadas para un bien mayor. Para que la gente se conecte con amigos y familiares. Para mantenerte informado sobre lo que pasa a tu alrededor. La verdad es que termina siendo una de las mayores distracciones que existen.

¿Significa que deberías deshacerte de tus redes sociales? Es tu decisión. Pero es cuestión de limitar su uso en los momentos en que necesitas concentrarte. Cuando la tarea en cuestión necesita una seria inversión de tiempo y atención, tal vez es hora de dejar de lado cualquier distracción que pueda estar a tu alcance.

Lo creas o no, el uso excesivo de redes sociales no es sólo una señal de indisciplina. También es señal de la posibilidad de depresión y ansiedad. El sentimiento de ser querido o apreciado. No, no todos los que usan redes sociales son así. Pero podemos correlacionar el uso de las redes sociales, no sólo con la falta de disciplina sino también con la falta de fortaleza mental.

Una verdad de la que quizá no te des cuenta, es que nuestros cerebros fueron hechos para distraernos. Por otra parte, puede que no te sorprenda considerando el hecho de que ya hemos hablado de las distracciones internas. Tienes cosas que pasan por tu mente. Los "y si" o los "debería tener" son un buen ejemplo. Además, la cantidad de información que se carga en tu cerebro ciertamente te distraerá.

Con toda la sobrecarga de información, podrías terminar abriendo múltiples pestañas en tu navegador favorito sin pensarlo dos veces. Y créenos cuando decimos que esto sucede todo el tiempo. Pero si puedes enseñar a tu cerebro a ser menos una distracción y más un arma para el pensamiento positivo y la concentración, sólo entonces te servirá a largo plazo.

LIMPIA TU ENTORNO LABORAL DE DISTRACCIONES

En cualquier ambiente de trabajo, existen distracciones. Como se mencionó antes, no importa dónde estés, siempre habrá una distracción más cerca de lo que crees. Es importante considerar la limpieza de tu área de trabajo de estas distracciones tanto como sea posible.

Puede parecer difícil de hacer al principio. Pero una vez que le tomes la mano, será como algo natural. En esta sección, compartiremos contigo, nuestros consejos favoritos para trabajar más y distraerte menos. Las distracciones serán uno de los principales obstáculos para la disciplina y la fortaleza mental. Con eso en mente, aquí tienes algunos consejos a considerar:

Deshazte tus distracciones tecnológicas PRIMERO:
Siendo la tecnología moderna una de las mayores fuentes de muchas distracciones, es importante que empecemos con lo que podemos hacer para minimizar las distracciones en nuestros aparatos. Si estás

trabajando en un ordenador, deberías considerar la idea de activar un bloqueador. Hay muchas aplicaciones de bloqueo que puedes ejecutar mientras estás trabajando en algo. Puedes bloquear aplicaciones de medios sociales y sitios web como Facebook o Twitter (si usas Google Chrome, hay algunas extensiones que puedes usar como Cold Turkey). No pienses ni por un momento que tu navegador es la única fuente de distracción. También está tu smartphone.

Es fácil para nosotros sacar el teléfono de nuestros bolsillos en el momento en que oímos el sonido de la notificación. Antes de que nos demos cuenta, estamos enviando mensajes de texto, comentando, twitteando, etc. Una de las cosas que deberías hacer es poner el teléfono en modo avión o en modo "no molestar". Esto permitirá que el teléfono bloquee cualquier notificación mientras esté activado. Otra cosa que debes hacer es colocar el teléfono en una parte diferente de la habitación.

Si tu espacio de trabajo está dentro de tu casa, colócalo en otra habitación, como el salón o la cocina. Si estás en una oficina, colócalo en un armario o un archivador cerca tuyo (preferentemente en uno de los armarios con cerradura. Asegúrate de tener la llave antes de cerrarlo accidentalmente y no poder acceder a él).

Concéntrate primero en tus tareas más urgentes y críticas: Tus tareas más urgentes y críticas deben hacerse lo antes posible. Si no lo haces, se producirá un gran caos. Sin mencionar que estas tareas pueden ser difíciles de hacer cuando la presión es grande y el tiempo no está a tu favor. Debes concentrarte primero en las dos o tres tareas críticas del día antes de hacer cualquier otra cosa. Una tarea crítica a la vez es suficiente, antes de pasar a las otras. De cualquier manera, cuanto menos te apartes del camino, mejor.

Utiliza los mínimos a tu favor: ¿Qué harías? ¿50 flexiones de brazos al día o 5? Si respondiste 5 ¡buena elección! Hacer el mínimo de trabajo en vez de concentrarse en algo más grande, te ayudará a entrar en la mentalidad de hacer poco, pero ir avanzando. Así que, si el objetivo son 5 flexiones, puede que te sientas inclinado a hacer más trabajo. A partir de ahí, podrás aumentar tus mínimos hasta un punto en el que puedas hacer un poco más sin sudar. El mínimo es un pequeño paso hacia el objetivo final. Haz la cantidad mínima, tómate un descanso y luego vuelve a hacerlo.

Elimina cualquier fuente de distracción interna: Las distracciones internas pueden ocurrir y ocurrirán en cualquier momento. Podrías estar estresado. Podrías estar cansado. O tal vez ambas cosas. Las soluciones que te proporcionamos son probablemente algunas de las que ya has escuchado antes. Descansa bien por la noche. Medita durante cinco minutos antes de empezar el día de trabajo. Cualquier cosa que te sirva para minimizar el estrés puede ser una ventaja para ti. Sólo recuerda, las distracciones internas son tan malas como las externas. Si no puedes deshacerte de ellas de inmediato, busca formas de minimizarlas lo antes posible.

Visualiza mentalmente: Antes de cada gran juego, un atleta visualiza su éxito. Nueve de cada diez veces, funciona a la perfección. Puedes hacerlo tú mismo. Imagínate trabajando en las tareas que tienes a mano sin estrés, o con la sensación de que nada puede detenerte. Tómate unos minutos para reflexionar sobre ello. Si puedes visualizarlo, ciertamente puede darte la confianza para hacerlo. Otra técnica de visualización, es imaginarte retrospectivamente un logro. En otras palabras, empiezas desde el final hasta el principio. Visualiza tus acciones en pequeños pasos.

Minimiza las distracciones externas: Esto podría ser mucho más fácil que tratar con las distracciones internas. Esto podría significar moverte a un área más tranquila, ponerte los auriculares con tu música favorita o música que te relaje, o simplemente guardar tu teléfono o dispositivos. Cuantas más distracciones externas puedas identificar, mejor. Encuentra maneras de minimizarlas o eliminarlas temporalmente hasta que el trabajo esté hecho.

Mantén el impulso: Cuando tengas todas tus distracciones desconectadas, tendrás un camino claro para cumplir la tarea que tienes entre manos. Trabaja al menos en lo mínimo, tómate un descanso rápido y repite. Se trata de concentrarte en esa única cosa, pisar el pedal hasta la medalla y nunca mirar hacia atrás. Las distracciones son enemigas del tiempo. Sólo recuerda concentrarte en las cosas pequeñas, nada demasiado grande y loco.

TU RELACIÓN CON LOS DEMÁS DEBE AYUDARTE, NO SABOTEARTE

Las relaciones en tu vida no deberían ser una carga para ti, ni para cumplir con tus objetivos. Por lo tanto, no deben ser consideradas como una distracción total. Sin embargo, hay trabajo por hacer. Entonces, ¿cómo logras alcanzar tus objetivos y minimizar las distracciones sin perjudicar a los que son más importantes para ti?

Podemos resumir esto en una palabra: comunicación. No existe un equilibrio perfecto entre el trabajo y la vida. Hay días en los que el trabajo puede requerir que le dediques tiempo extra. ¿Usarás ese tiempo que, de otra manera, estaría destinado a tu pareja o familia? Desafortunadamente, sí. Pero la buena noticia es que es mucho menos de lo que piensas.

La familia siempre será lo primero, pase lo que pase. Esto es algo que debes reiterarles cuando te comuniques con ellos. Si hay algún tipo de proyecto importante que se avecina, y requiere de tu tiempo y atención, debes hacerlos conscientes de ello. Hazles saber que habrá momentos en los que llegarás tarde a casa y puede que haya un tiempo limitado que puedas pasar con ellos (ya que vas a necesitar tu descanso).

Diles que no los estás ignorando (ni olvidando). Después de todo, hazle saber a tu familia que ellos son la razón por la que tienes el impulso de trabajar duro. Las personas más importantes en tu vida son las que más te motivan. Te inspiran a mejorarte a ti mismo cuando otros no lo hacen. Incluso si nadie más te apoya, lo harán. Son tus aliados más cercanos cuando las cosas se ponen difíciles.

Cuando las relaciones se convierten en distracciones

Otra cosa que debes hacer es evaluar tus relaciones fuera de tu familia. ¿La mayoría de las personas con las que te relacionas son positivas o negativas? Si estás tratando con personas negativas en tu vida, terminarán siendo una distracción. Por suerte para ti, tendrás la buena idea de mantener esa distracción a raya. Puedes prestarles menos atención o eliminarlos por completo de tu vida, si son demasiado tóxicos.

Aquellos que entienden cuál es tu línea de trabajo y las cosas importantes en las que debes concentrarte, probablemente desarrollarán una relación positiva contigo. Ellos ven la distracción como algo negativo y respetarán tu privacidad cuando la necesites. La necesidad es una distracción en sí misma. Además, también es una calle de doble sentido.

Por ejemplo, si alguien necesita verte o hablar contigo. Hay quienes necesitan comunicarse con otros porque son infelices, están solos, o por cualquier otra razón similar. La necesidad es algo con lo que no puedes lidiar o que no debes tener en tu vida. Cuando las relaciones se convierten en distracciones, lo primero que debes hacer es minimizarlas lo más posible. Si la cosa se pone muy mal, debes eliminar las distracciones sin pensarlo dos veces, es algo que puedes hacer sin culpa.

La construcción de tu sistema de apoyo es clave

Cuando te centras en tareas que deben ser completadas, es bueno tener un sistema de apoyo. Personas como tu familia y amigos deberían ser parte de él. Sin embargo, deben darse cuenta de que cuando las cosas se ponen difíciles, deberán apoyarte y dejarte trabajar para que puedas concentrarte. No te molestarán ni dudarán de tus capacidades para hacer el trabajo.

Un sistema de apoyo no tiene que ser ridículamente grande. Puedes construirlo con unos pocos amigos de ideas afines, y este podría ser más fuerte que el acero. Tampoco tengas miedo de decirle a la gente que quieres, que forme parte de él. Es bueno examinar a las personas que quieres como tus aliados más confiables. Además, esta puede ser una tarea difícil, pero gratificante.

Fortalece y mantén tus relaciones

Las relaciones son una calle de doble sentido. Cada persona debe hacer su parte para mantenerlas fuertes y sanas. Tú haces un favor y luego te lo harán a ti. Una sola persona no puede ser la única responsable de construirlas. Recuerda, la comunicación es la clave para una relación fuerte y saludable. Sin ella, no hay nada que ninguna de las partes pueda aportar.

Una cosa más, aparte de la comunicación regular, quieres construir la relación creando valor sin esperar nada a cambio. Si tratas de humillarte o algo así, la otra persona será muy consciente de los motivos ocultos que puedas tener.

UTILIZA EL EFECTO HAWTHORNE A TU FAVOR

A continuación, discutiremos lo que se conoce como el efecto Hawthorne. ¿Qué es exactamente? Se llama así por un experimento que se llevó a cabo hace casi cien años. Se creía que cuando alguien estaba siendo observado por otro, realizaría sus tareas (y con gran eficacia). Es como si no quisieran fracasar delante de esa persona que los está vigilando.

Mientras que puede ser que no haya alguien literalmente observándote mientras trabajas, querrás actuar como si alguien te observara cada uno de tus movimientos. Un jefe siempre vigilará a los empleados que son contratados para hacer el trabajo. Si entregas el trabajo como se espera, entonces serás recompensado. Si no lo haces, tu jefe se dará cuenta de que no estás haciendo bien tu trabajo. Como consecuencia, podrías ser reprendido o despedido.

Si eres parte de un proyecto de grupo, se te vigilará por la parte que te corresponde. Ten la seguridad de que todos en tu grupo se estarán vigilando para que todos estén en la misma sintonía y puedan cumplir con sus responsabilidades. Si es en un ambiente escolar, cada miembro sabe que la calificación que obtengan como grupo beneficiará o dificultará su rendimiento en general.

Las personas se desempeñan mejor en sus tareas, cuando saben que están siendo observadas. Por ejemplo, se realizó un experimento de investigación, en el que el personal médico fue sujeto a prueba. Aquellos a los se les vigilaba, tuvieron un 55 por ciento más de probabilidades de lavarse las manos y cumplir con las precauciones de seguridad, en comparación con los que no fueron vigilados.

Como se mencionó, es fácil cometer errores y hacer poco trabajo cuando no se está siendo vigilado. El hecho de que no te estén vigilando todo el tiempo, no significa que debas aflojar. Llegará un momento en que se te someterá a algún tipo de control de responsabilidad aleatorio. Es importante cumplir con los plazos y realizar las tareas más importantes en cada oportunidad que tengas. Querrás enfocar cada tarea como si fueras a ser evaluado en ella después de haberla completado.

El efecto Hawthorne, hará que tus socios de responsabilidad sean más necesarios que nunca. De esta manera, se hacen responsables de cualquier tarea que puedas realizar. La falta de responsabilidad puede llevar a una disminución de la productividad, no sólo para ti, sino también para tu socio. Es importante encontrar a alguien en quien puedas confiar para que te haga responsable, mientras ellos hacen su propia parte.

AUMENTA TU ENFOQUE Y DESENCHÚFATE LA REALIDAD

En un mundo lleno de distracciones, es absolutamente primordial asegurarte de que tu enfoque esté mejor que nunca. A veces, siempre es una buena idea desconectarte de la realidad durante unas horas para poder concentrarte. Una de las mejores maneras de aumentar tu concentración es ir haciendo una desintoxicación digital.

Una desintoxicación digital se define como alejarse de las redes sociales o incluso de los dispositivos digitales. Esto se puede hacer todos los días, simplemente no utilizando las redes sociales, o el teléfono durante unas horas. Algunos incluso se enfrentan al reto de no usar las redes sociales durante días, semanas o incluso meses. Todo se reduce a la fuerza de voluntad.

LOS BENEFICIOS DE UNA DESINTOXICACIÓN DIGITAL

Si nunca has hecho una desintoxicación digital, entonces puedes considerar hacer una. A continuación, hay una lista de beneficios que puedes disfrutar si sigues adelante con la idea. Mucha gente intenta hacer una, pero rápidamente se da por vencida (un tema recurrente para la mayoría de nosotros). Y esto se debe al valor de sentirse conectado con otras personas. Sin embargo, hay un beneficio que te hará sentir más conectado con las personas que apreciarás aún más.

Echemos un vistazo a la lista de beneficios ahora:

1. Mejora de la conexión con otras personas

No es ningún secreto que el uso del teléfono celular puede ser una carga para la interacción humana. Al menos el 82 por ciento de los estadounidenses compartirán ese sentimiento. Por eso siempre es una buena idea mantener el teléfono en el bolsillo y en vibración mientras se pasa un tiempo de calidad con la familia o con los amigos. Es mucho mejor tener una conversación satisfactoria o divertirse, sin el uso de ningún dispositivo digital.

Lo último que quieres hacer es sacar el teléfono mientras hablas con la otra persona. Esta última se sentirá ignorada. Sentirá que no le prestas atención. A veces, puede surgir alguna información que se te queda en la cabeza, e inconscientemente sacas el teléfono para buscarla sin siquiera pensarlo.

En lugar de buscarla sin pensar, puedes mencionarla en forma de pregunta durante la conversación (si crees que es relevante). De lo contrario, toma nota mentalmente para buscarla en Internet más tarde.

2. Reduce el estrés

¿Sabías que la tecnología es una fuente de estrés? Sí. La tecnología puede enloquecer o alguien puede decir algo en Internet completamente ridículo. De cualquier manera, algo sobre la tecnología estresará a alguien. Es importante que te abstengas de usarla a largo plazo.

La persona que pasa una hora al día al teléfono estará menos estresada que alguien que pasa varias horas al día.

3. Dormirás mejor

Los dispositivos electrónicos emiten una luz azul que puede reducir los niveles naturales de melatonina. La melatonina es una sustancia química que te ayuda a dormir por la noche. Por eso es importante apagar los dispositivos electrónicos al menos una hora y media o dos antes de acostarte (como mencionamos al principio del libro). Un mejor descanso no solo te ayuda a dormir, sino que también es un elemento fundamental para reducir el estrés. Un mejor sueño y una desintoxicación digital van de la mano. El siguiente beneficio explicará por qué.

4. Mejora el enfoque y la concentración

Un buen descanso nocturno y una desintoxicación digital, te dará la oportunidad de mejorar tu enfoque y tu concentración a lo largo del día. No te sentirás distraído en lo más mínimo. Además, tu capacidad de atención aumentará cuatro segundos en comparación con la media de las personas. Lo creas o no, la duración de la atención de una persona promedio es de sólo ocho segundos. Tener un período de atención de doce segundos te posicionará por encima del resto.

5. Aumenta la capacidad de resolución de problemas

Cuando tienes un problema y las distracciones digitales no te consumen por completo, estarás más alerta y consciente de él. Y también te ayudará a usar tu cerebro, pensando un poco más profundamente. Y te ayudará a recordar las cosas mejor que aquellos que tienen que confiar en la tecnología moderna.

6. Serás mucho más feliz

Es ampliamente conocido que aquellos que son altamente dependientes de las redes sociales y la tecnología, probablemente tendrán algún tipo de depresión. Pero una desintoxicación digital durante unas horas o incluso a largo plazo (días o semanas), puede mejorar considerablemente tu felicidad. Podrás tener un interés personal en hacer actividades que te gusten más. Sin mencionar que estarás un poco más enfocados en esa tarea en lugar de pensar en volver a tu dispositivo digital.

Salir de las redes sociales y de Internet en general, probablemente mejorará tu nivel de felicidad (incluso a largo plazo). Además, tus niveles de ansiedad se reducirán considerablemente.

CÓMO HACER UNA DESINTOXICACIÓN DIGITAL

Ahora que conoces los beneficios de hacer una desintoxicación digital, quizás es hora de que los pruebes por ti mismo. No sólo será una prueba de su disciplina y fortaleza mental, sino que te dará la oportunidad de planchar algunas de las arrugas de la vida. Puede que descubras por qué estás estresado o te sientes poco feliz. Así que, con eso en mente, echemos un vistazo a algunos consejos que tendrás que tomar en serio cuando planees hacer una desintoxicación digital:

Determina cuánto tiempo le quieres dedicar: ¿Quieres pasar algunas horas al día sin tecnología? ¿O quieres pasar más tiempo sin ella? Esto dependerá de la gravedad de la necesidad. Si miras tu teléfono cada pocos minutos y le das mucha importancia a cada notificación, sabes que es hora de una desintoxicación digital. Para empezar, deberías considerar comenzar lentamente (alrededor de 4 a 6 horas al día) y luego ir subiendo gradualmente. Una vez que te sientas cómodo con la idea de pasar más tiempo sin tus dispositivos, puedes hacer los ajustes necesarios.

Considera actividades alternativas: ¿Qué deseas hacer en lugar de mirar tu teléfono? Piensa en las actividades que disfrutas hacer. Pregúntate qué harías si no tuvieras tu teléfono a mano. ¿Leerías un libro? ¿Por qué no dar un paseo al aire libre?

Considera un tiempo límite y apégate a él: para aquellos que quieran hacer una versión más reducida de una desintoxicación digital, es importante elegir un momento en el que "no puedas tocar" tu teléfono. Un buen ejemplo es al menos una hora y media o dos horas antes de la hora programada para acostarte (algo que hemos mencionado anteriormente en el libro). Cuando llegue ese momento, honrarás ese tiempo límite. Ni un segundo más.

Apaga las notificaciones: echa un vistazo a las aplicaciones que usas normalmente. Es muy probable que la mayoría de tus notificaciones provengan de tus aplicaciones de redes sociales (Facebook, Twitter, Instagram, etc.). Puedes apagarlas por completo o durante las horas de trabajo. De cualquier manera, funcionará a tu favor.

Di "no" a las aplicaciones durante una semana: uno de los aspectos clave de la autodisciplina es poder decir "no" a las cosas que pueden ser difíciles de resistir. Claramente, tus aplicaciones más utilizadas, como las redes sociales, es una de ellas. Si estas son las aplicaciones que planeas apagar durante la semana, asegúrate de que tus amigos y familiares tengan otras formas alternativas de comunicarse contigo (como por teléfono o correo electrónico).

Limpia tu bandeja de entrada: ¿A cuántos boletines de correo electrónico estás suscripto? Tenemos la costumbre de dejar entrar a muchos en nuestra bandeja de entrada. Tienes un correo electrónico en tu bandeja de entrada. Luego pasas a diez. Luego a cien. Es tan abrumador que solo estás tratando de seguir el ritmo. Si estás siendo golpeado con boletines informativos y demás durante el transcurso del día, tu bandeja de entrada necesita una limpieza seria. Dale de baja de listas de correo electrónico que no te proporcionan ningún valor. Si son de una tienda en línea en la que no has comprado en los últimos 60 a 90 días y no tienes planes de volver a comprar allí, anula la suscripción de la lista.

Estos son los consejos que querrás seguir cuando quieras hacer una desintoxicación digital. Puede ser difícil decir que no a tus aplicaciones favoritas durante al menos una semana. Y puede ser difícil mantenerte alejado de tu teléfono durante las horas más importantes del día.

Una desintoxicación digital es una verdadera prueba de disciplina, fuerza de voluntad, compromiso y, lo más importante, fortaleza mental. Piensa en esto como la nueva prueba del malvavisco. Excepto que no estás esperando que alguien regrese. Esperar una semana para volver a acceder a Facebook o Instagram es el desafío.

También te ayudará a encontrar cosas alternativas para hacer para que tu mente esté más concentrada en eso que en el deseo de usar tu teléfono y publicar algo. Tómalo como un día a la vez y no te concentres en la semana en sí. Comienza con algo pequeño y mínimo.

RECAPITULANDO

Es cierto que el mundo está lleno de distracciones. Desafortunadamente, seguirán existiendo por todos lados, tanto a tu alrededor como dentro de tu cabeza. Lo único que puedes hacer es minimizarlas lo más posible.

Tus distracciones externas pueden ser minimizadas trabajando en un área mucho más tranquila donde se te permita maximizar tu enfoque. Desconecta tanto del ruido exterior como puedas. Puede ser tan fácil como ponerte un par de auriculares, apagar tus notificaciones por un período de tiempo específico y poder programar tu computadora para que te niegue el acceso a ciertos sitios web durante un período del día.

También existen distracciones internas. Puede ser difícil minimizarlas (sin mencionar que llevará tiempo). La mejor manera de lidiar con ellas es descansar bien y reducir el estrés. Lo creas o no, hay una solución en la que se te permite hacer ambas cosas (y todo está relacionado con el uso de dispositivos electrónicos).

Es importante que mantengas el rumbo, que sigas ganando impulso y que nunca pierdas la concentración. Cualquier impulso de ruptura, hará que te quedes atrás. Si necesitas tomarte un descanso, hazlo de cinco a diez minutos y evita usar tus aparatos electrónicos (por razones obvias).

Tus relaciones serán lo más importante. Tampoco deben ser tratadas como una carga. Estas personas en tu vida son tu familia, amigos cercanos y colegas. Es cierto que necesitas un tiempo a solas para concentrarte en tu trabajo. Pero a veces, debes ser consciente de que tienes un grupo de apoyo formado por personas que te valoran.

En todo caso, están aquí para ayudarte a salir adelante y a hacerte responsable. Hablando de responsabilidad, ahí es donde el efecto Hawthorne entra en juego. No tendrás a alguien vigilándote todo el tiempo. Pero aquellos que saben lo que puedes lograr se interesarán en cómo van yendo las cosas. Actúa como si alguien te estuviera vigilando todo el tiempo (sin sentirte paranoico).

Por último, nunca está de más desconectarte. Hacer una desintoxicación digital por un período corto o largo puede ser ventajoso para ti. No sólo estarás menos distraído, sino que también te encontrarás más en sintonía con tu mente. Te sentirás más feliz, más productivo y verás las cosas desde un ángulo diferente al de la mayoría de la gente.

III

DESCUBRIENDO TU RAZÓN PARA CAMBIAR

4

EMPIEZA POR TU FORMA DE PENSAR

L a mayoría de los desafíos que enfrentarás en tu vida, se centrarán más en el aspecto mental que en el físico. En los deportes, dicen que es un 90 por ciento mental, mientras que la parte física es solo un 10 por ciento. Cuando se trata de disciplina y fortaleza mental, se aplica el mismo concepto.

En este capítulo, nos centraremos en una parte del lado mental de las cosas. Empieza por tu forma de pensar. Depende de ti adoptar una mentalidad que te permita pasar de indisciplinado a disciplinado (y de débil mental a fuerte). Definiremos qué es la mentalidad y discutiremos los dos tipos que existen: fija y de crecimiento.

Un poco de alerta de spoiler: la mentalidad fija no va a ser lo que querrás adoptar aquí. Por lo tanto, hablaremos sobre cómo adoptar la mentalidad de crecimiento y cómo la usarás a tu favor en tu camino hacia la persona más disciplinada y mentalmente fuerte del planeta.

Si estás buscando una manera de romper los bloqueos mentales, pero no sabes cómo, este capítulo te ayudará a superarlos para que puedas seguir adelante. Comencemos con la definición de mentalidad:

Mentalidad: Es una forma de pensar o un estado de ánimo.

Sí, la definición es simple y al grano. ¿Podríamos pensar que tener a una mentalidad positiva fuera tan simple como eso? Existen dos tipos de mentalidades. Echemos un vistazo a ellas y expliquemos cómo funcionan:

Mentalidad fija: Este tipo de mentalidad es donde nada parece cambiar. Las cualidades que posees son inmutables y estás atrapado con ellas para siempre. Sin embargo, esa es solo la definición. Pero es posible cambiarla.

Mentalidad de crecimiento: Con esta mentalidad, puedes avanzar cada día con la convicción de que puedes mejorar y crecer. Puedes crecer y fortalecerte a través del trabajo duro y la dedicación. Esta es la mentalidad a la que queremos que tú, querido lector, apuntes. ¿Es imposible de adquirir? Solo si piensas así.

Con una mentalidad fija, siempre existe el miedo a ser juzgado y preocuparse por no estar a la altura de las expectativas de los otros. A quienes tienen una mentalidad de crecimiento no les importa quién los esté juzgando. Y se preocuparán menos por estar a la altura de las expectativas de los otros (o no). En todo caso, se centran en los objetivos que se proponen y avanzan.

Tanto quienes tienen una mentalidad fija como quienes poseen una mentalidad de crecimiento son susceptibles a cometer errores. Sin embargo, la única diferencia es que los manejan de una manera diferente. Aquellos con una mentalidad fija, encuentran que los errores son "obra del diablo". Entonces, intentan evitarlos como la plaga. Y es por eso que intentan convertirse en perfeccionistas. Y si conoces a un perfeccionista o dos, notarás que comparten la emoción común de enojarse cuando las cosas no son perfectas.

Aquellos con una mentalidad fija encuentran que los errores son "el final de todo". Y así, el fracaso significa el fin del mundo. No aprenden de sus errores y no se molestan en asumir ningún otro desafío por temor a que sea demasiado difícil y complejo (por lo tanto, el miedo al fracaso se instala rápidamente).

Una mentalidad de crecimiento ve las cosas de otra manera. Saben que ocurren errores. Los toman como lecciones de aprendizaje, para no volver a cometerlos. No les importa la perfección, pero nunca se conformarán con nada menos que satisfactorio. Saben que la calidad es lo más importante en lo que hacen. Pero mientras hagan la tarea, no deberían tener ningún problema.

TU MENTALIDAD PUEDE DICTAR TUS PRÓXIMAS PALABRAS Y ACCIONES

Si crees que es difícil saber quién tiene una mentalidad fija y quién tiene una orientada al crecimiento, puedes sorprenderte. De hecho, puedes oírlo en su voz o en su lenguaje. Puedes verlo en su lenguaje corporal si eres muy observador. No tienes que ser un experto en leer a las personas para saber qué tipo de mentalidad tienen.

Sin embargo, sería difícil encontrar a alguien que tenga una mentalidad de crecimiento. Especialmente, cuando tienen metas que saben que pueden alcanzar, sin importar el tiempo que les tome. Pero eso no significa que sean pocos y distantes entre sí en lo más mínimo.

Puedes adoptar una mentalidad de crecimiento si así lo deseas. Y cuando lo hagas, te encontrarás hablando de una manera diferente. En lugar de decir "no puedo", di "sí puedo". O en lugar de "si fallo, se acabó" puedes decir "si fallo, aprenderé de ello y estaré listo para la próxima vez". Es difícil entender por qué es tan difícil para alguien cambiar de una mentalidad fija a una de crecimiento.

Dicen, "finge hasta que lo consigas". Esto puede funcionar a tu favor hasta cierto punto. O puedes actuar como si ya hubieras logrado tu objetivo. Cuando actúas como si hubieras logrado algo, sentirás que puedes cumplir la siguiente tarea con facilidad. Puede que te ayude en tu viaje hacia la adopción de una mentalidad de crecimiento.

Pero una cosa a tener en cuenta, es ser congruente. Si estás actuando como si tuvieras una mentalidad de crecimiento, pero reaccionas a algo negativo de la forma en que lo haría alguien con una mentalidad fija, entonces, puede ser difícil ganar la confianza de la gente si pareces estar poniendo algún tipo de barrera. Sin embargo, querrás actuar como si alguien estuviera vigilando todos tus movimientos (hola Hawthorne, nos encontramos de nuevo).

Esto significa que tendrás que esforzarte por superar esa negatividad. No tienes otra opción. La gente te está observando y asumiendo que tienes una buena mentalidad. No les demuestres que se equivocan o les engañes para que piensen lo contrario. No sólo te forzará a una situación en la que podrás subir de nivel en disciplina y fortaleza mental, sino que pronto te darás cuenta de que adoptar una mentalidad de crecimiento no es tan malo después de todo.

LA MENTALIDAD DE UNA PERSONA DISCIPLINADA Y MENTALMENTE FUERTE

Entonces, ¿cómo es exactamente la mentalidad de una persona disciplinada y mentalmente fuerte? En esta sección, le daremos una mirada en profundidad. Obviamente, tienen una mentalidad de crecimiento. ¿Pero qué pasa específicamente por la mente de alguien que ya es disciplinado y mentalmente fuerte? Aprende de esta sección y toma nota para que puedas ser capaz de hacer ingeniería inversa, para adoptar esa misma mentalidad desde el final hasta el principio.

Una persona disciplinada y mentalmente fuerte es más que probable que acepte los retos siempre que se le presenten. Saben que el fracaso no es el final de todo. Son conscientes de los posibles reveses que pueden ocurrir. Pero están listos para ellos en cualquier momento. Una vez que completan las tareas, no temen recibir críticas positivas que los mejorarán en el futuro.

No les importa la crítica "negativa" y no solicitada que algunas personas tienden a dar para hacer que estos últimos se sientan mal. Una persona disciplinada y mentalmente fuerte, aprenderá de los consejos de sus mentores para aplicarlos en el futuro. Dependiendo de sus objetivos, se fijan en las personas que ya los han alcanzado. Estudian lo que han hecho, cuáles fueron sus contratiempos y cómo los superaron.

Aprenden de las historias del éxito de otros, y las usan como inspiración para seguir adelante. Saben a quién tomar como ejemplo para obtener éxito, lo adaptan a su propio enfoque, hacia sus metas y logros. Saben que pueden lograr un nivel más alto de resultados. No les importa cuánto tiempo les llevará.

Si lo logran en poco tiempo, bien. Si les toma un poco más de tiempo que el promedio, simplemente se encogerán de hombros. Al menos lo lograron y eso es todo lo que importa. Dirán que tuvieron contratiempos, pero se las arreglaron para superarlos. Tienen la determinación de superar cualquier cosa que se interponga en el camino.

Por último, saben que puede producirse un fallo en la disciplina (y sí, ocurre). Pero cuando lo reconocen, se recuperan y vuelven al camino. Se hacen responsables y se ponen a trabajar nuevamente. El Dalí Lama lo dijo mejor:

"Una mente disciplinada conduce a la felicidad. Una mente indisciplinada conduce al sufrimiento."

— EL DALÍ LAMA

Esta frase, no podría haber sido más certera. Sin embargo, es difícil de adoptar para algunas personas que parecen tener el deseo de mantener su mentalidad y empujar a cualquiera que se interponga en el camino.

Sin embargo, una persona disciplinada sabe que la competencia no es su peor enemigo. Ellos ven a un competidor como alguien que podría significar beneficioso para ellos, en algún momento del camino.

Alguien que es lo suficientemente auto-disciplinado se apegará al plan. Se mantendrá concentrado y no harán ningún cambio para "mantenerse al día" con alguien. La actitud de "mantenerse al día", es un rasgo de aquellos que son indisciplinados. Y sólo eso, podría llevarlos a una vida infeliz, a problemas financieros, etc. Un individuo mentalmente disciplinado no se preocupa por las personas que tienen mejores cosas y hace alarde de ellas.

La disciplina y la fortaleza mental, son dos cosas que te ayudarán a alcanzar un mayor nivel de felicidad. Es tu arma contra aquellos que tratan de comprar cosas bonitas para cubrir sus inseguridades (mientras tanto, provocan que otras personas hagan lo mismo y así continúan un círculo vicioso). No caigas en la trampa de "seguir el ritmo" porque alguien más decida compensar su falta de confianza y seguridad.

SUPERA EL MIEDO

El miedo es un sentimiento que nos paraliza. Sin embargo, a la persona que adopta la mentalidad de crecimiento el miedo es algo que no le perturba en lo más mínimo. Tienen miedo de que las cosas vayan mal o de algún tipo de contratiempo. Pero sólo dicen, "al diablo" y siguen adelante con la tarea. El miedo te detendrá sólo si lo permites.

Fracasarás. Te sentirás horrible. Pero la forma en que lo manejes te pondrá por delante de los demás. Puede que te sientas avergonzado. Pero eso te dará la energía para aprender de tus errores y seguir adelante. No pienses ni por un momento que las personas que más te quieren (y que forman parte de tu sistema de apoyo) perderán la fe en ti si metes la pata. No es que esperen que logres la perfección en el primer intento.

En todo caso, el miedo debería ser el combustible. Debería ser esa energía y ese impulso, lo que te empuje a hacer el trabajo y ganar la recompensa que es la sensación de logro que sientes después de hecho. Sí, el miedo es una emoción poderosa. Pero puedes convertirla en algo que te saque de tu zona de confort y te permita hacer algo diferente. Cuando estés en tu zona de confort, las cosas serán las mismas, viejas, mundanas y aburridas. Y eso te hará sentir como si no hubieras hecho nada con tu vida.

Demasiada comodidad y complacencia hará que te pierdas las cosas que más importan. Mientras tanto, si tienes la voluntad de enfrentarte al miedo y te sales de tu zona de confort, entonces no tiene sentido esperar el momento adecuado. Ese momento para hacer algo es ahora mismo. Limítate a hacerlo en vez de quedarte sin hacer nada.

CONSEJOS SOBRE CÓMO MANEJAR EL MIEDO

A continuación hay una lista de cosas que puedes hacer para manejar tu miedo. Esto te dará la oportunidad de conocerte a ti mismo en un nivel mucho más profundo. Puede que tengas algunos miedos de los que nunca has sabido nada. O puede que tengas miedo de pocas cosas.

De cualquier manera, es importante conocer tus miedos y encontrar una manera de superarlos.

A continuación, te ofrecemos los siguientes consejos para que los aproveches:

Escribe lo que te da miedo: Lo primero que debes hacer es conseguir un pedazo de papel. O abre un documento de Word si te sientes más cómodo. Pasa tiempo pensando en lo que te da miedo. Cuanto más profundo entres en detalles, mejor. ¿Cuáles son tus miedos? ¿Por qué tienes miedo? ¿Qué puedes hacer para enfrentar ese miedo o al menos evitar que saques lo mejor de ti?

Sólo tú tienes el control: Como dice el viejo refrán, "los que te controlan, tienen el poder sobre ti". ¿Quieres vivir tu vida sabiendo que cada uno de tus miedos la controlará? ¿O quieres ganar control sobre el miedo y usarlo para tu beneficio? Dejar que el miedo te controle, te llevará a la inacción. Y la inacción significa no lograr nada.

Adopta afirmaciones positivas: Las afirmaciones son una gran forma de programarte mentalmente en lo que debes creer. Por más tonto que suene, en realidad ha funcionado para muchas personas. Puedes decir cosas como "No dejaré que mi miedo me controle" unas cuantas veces mientras te miras en el espejo. Deberías considerar darle un buen uso a las afirmaciones de manera regular. Puedes hacerlas por la mañana, a primera hora, cuando te despiertas, y volver a hacerlas antes de irte a la cama. De cualquier manera, serán útiles para desarrollar tu fortaleza mental.

Visualízate frente al miedo: Como ya hemos mencionado en este libro, sugerimos visualizar tu logro. Una gran razón por la que es bueno visualizar, es porque nos vemos a nosotros mismos haciendo el trabajo sin que el miedo nos controle. Y nos imaginamos disfrutando de esa sensación de logro que corre por nuestras venas. Esa sensación puede convertirse en realidad si decimos, "al diablo con el miedo", quitamos el freno, y nos ponemos a trabajar. Es mejor visualizar tus logros antes de empezar, que visualizar luego, lo que podría haber sido.

Está bien hablar de ellos: Tus miedos no son algo de lo que la gente se vaya a reír. Si lo hacen, es más su problema que el tuyo. Habla con alguien en quien puedas confiar, como un miembro de tu familia o un amigo de confianza (especialmente alguien de tu sistema de apoyo). Cuéntale cuáles son tus planes y por qué no los estás llevando a cabo debido a un cierto temor. Es muy probable que te tranquilicen y te aseguren que todo irá bien. Si tienes éxito, genial. Si fracasas, no dejes que te afecte. Las oportunidades surgirán (aunque suenen como algo de una vez en la vida).

Estos consejos te ayudarán a superar tu miedo a lo que sea, que te esté impidiendo hacer algo. No dejes que el miedo te detenga. Debería ser exactamente lo contrario (que es más o menos uno de los puntos principales de este libro).

VISUALIZA EL FUTURO QUE SE AVECINA

Como se mencionó anteriormente, la visualización jugará un papel muy importante para ayudarte a presionar al miedo, para que puedas lograr tus objetivos. También te ayudará en el camino hacia la autodisciplina y a ser capaz de fortalecerte mentalmente. Visualizar los pasos que debes dar y el resultado que quieres lograr es esencial.

¿Cómo visualizas tu éxito? ¿Qué puedes hacer para asegurarte de que las cosas funcionarán a tu favor? A continuación, veremos algunos consejos sobre cómo puedes visualizar tu éxito, tanto a corto, como a largo plazo.

Antes de seguir adelante con los consejos, es importante establecer esta única condición: necesitas saber lo que quieres. ¿Cuál es tu objetivo final? ¿Qué es exactamente lo que quieres?

Sin un objetivo claro en mente, no podrás visualizarlo y ser capaz de avanzar en su realización. Sin mencionar que no tendrás la habilidad de tener la disciplina o la fortaleza mental para hacerlo realidad.

Aquí hay algunas sugerencias que consideramos efectivas:

Prepara un tablero de visión: Los tableros de visión han crecido en popularidad a lo largo de los años. La forma en que funcionan es la siguiente: tienes un tablero de corcho o un póster en el que puedes crear un collage improvisado. Estos son bastante baratos de armar. Y si ves una imagen que te recuerde tu objetivo, siempre puedes añadirla a tu tabla de visión. Un recordatorio más de por qué es importante el objetivo que te propones alcanzar.

Escribe en un diario de gratitud: Un diario es una gran manera de visualizar y escribir lo que agradeces. Por la noche, piensa en cinco o diez cosas por las que estás agradecido. También puedes escribir sobre algo que te ha estado molestando últimamente, lo que podrías haber hecho de manera diferente hoy, y planear para el futuro de manera que estés mentalmente preparado y listo para asumir la siguiente fase de tu objetivo.

Práctica la Meditación: Por supuesto, la meditación trabajará a tu favor si buscas cambiar tu forma de pensar. La meditación no sólo te pondrá en esa mentalidad de "aquí y ahora", sino que también te ayudará a relajarte y a concentrarte en lo que necesitas lograr. Antes de que te des cuenta, habrás terminado con tus tareas más críticas con un poco más de tiempo libre.

Hazte un "cheque de ensueño": Aunque suene un poco loco, puedes hacerte un "cheque de ensueño" por la cantidad de dinero que quieras ganar en tu vida. Uno de los famosos ejemplos de este método fue hecho nada menos que por el actor Jim Carrey. Antes de llegar al estrellato, se hizo un cheque de 10 millones de dólares. Lo fechó para el Día de Acción de Gracias de 1995. Lo usó como herramienta de visualización, y le ayudó a convertirse en uno de los mejores actores cómicos del mundo. Lo creas o no, consiguió un papel que le hizo ganar 10 millones de dólares para el Día de Acción de Gracias de 1995. El punto de esto, es que puedes hacerte un "cheque" por el valor monetario que realmente quieras lograr. Ponlo en tu pared y úsalo como una fuente que te impulse a realizar las tareas y objetivos que necesitas para llegar allí.

RECAPITULANDO

Los bloqueos mentales pueden disuadirte de cambiar tu forma de pensar, o servir como algún tipo de obstáculo que te cueste superar.

Tu mentalidad puede cambiar. Depende de ti determinar si tendrás o no una mentalidad fija o una en la que el crecimiento y la mejora podría ser posible. La realidad es que la mayoría de la gente puede no ser capaz de hacer el cambio. Pero si decides pasar de una mentalidad fija a una de crecimiento, estarás por delante de mucha gente.

Es importante conocer la mentalidad de alguien que es disciplinado y mentalmente fuerte. Se comportan de tal manera que se demuestra en su lenguaje corporal, la forma en que dicen las cosas, y cómo lidian con el estrés. Una forma de familiarizarse con la mentalidad de un individuo disciplinado y mentalmente fuerte es hacer ingeniería inversa de lo que han hecho. Empieza por el final y termina por el principio. Conocerás esta mentalidad al revés y sabrás cómo tomar los pasos necesarios para llegar a donde necesitas estar.

El miedo se convertirá en un bloqueo mental que también tendrás que atravesar. Éste debe ser visto como combustible para seguir adelante y avanzar sin importar el resultado. Está bien visualizar un resultado positivo al principio. Pero es importante no pensar demasiado en ello y centrarse en la realización de una determinada tarea. Si el resultado no es el que deseabas, tómate un momento para saber qué fue lo que falló y considera los pasos que debes dar para evitar otro error.

Visualizar el futuro es una herramienta que te infundirá confianza, disciplina y fortaleza mental. Sabemos lo que cada uno de nosotros quiere. Incorporar las emociones de nuestras visualizaciones nos ayudará a ser más efectivos en nuestras tareas y nos ayudará a manejar el estrés y la adversidad dondequiera que estos aparezcan.

Considera la idea de incorporar herramientas de visualización que te ayuden a ser más disciplinado y mentalmente duro, alguien que esté a la altura del desafío y lo conquiste. Tu mente puede ser un arma peligrosa contra la adversidad y los contratiempos. O puede ceder bajo presión. De cualquier manera, depende de ti hacer que tu mentalidad cambie para determinar lo que sucederá en esas situaciones.

5

DISEÑANDO UNA VIDA
DISCIPLINADA

Una vida disciplinada está llena de recompensas. Una de ellas es la continua sensación de logro. El hecho de que puedas hacer el trabajo sin que los contratiempos y obstáculos te afecten, puede ser una gran sensación. Este puedes ser tú. Y si quieres conseguir eso, sigue leyendo este capítulo.

En este capítulo, hablaremos de la "nueva normalidad" y de cómo deberías adoptarla en el futuro. También veremos cómo la disciplina es como un niño. Algo que puedes "dar a luz", nutrir y que será parte de ti por el resto de tus días de vida. También hablaremos de cómo es la vida de una persona disciplinada.

La parte de la disciplina que debes nutrir será muy importante. Así que te mostraremos cómo conectarte con el tipo adecuado de personas que comparten la misma mentalidad y disciplina que tú. Y por último, hablaremos de cómo debes tomar un enfoque proactivo para convertirte en un individuo disciplinado desde la mañana, en que te levantas de la cama, hasta el momento en que te golpeas la cabeza con la almohada para descansar bien.

¡Adelante!

ABRAZA TU NUEVA NORMALIDAD

Las palabras "nueva normalidad" han sido parte de nuestro vocabulario últimamente. Especialmente con la pandemia de COVID-19 cambiando la forma en que vivimos, cómo hacemos negocios, etc. Algunas de las cosas que hemos considerado normales, han sido arrojadas sin ceremonias por la ventana, sin previo aviso. Cosas que podrían haber sido posibles en unos pocos años se han convertido ahora en lo "normal".

Como cualquier persona mentalmente fuerte y disciplinada, lo mejor que puedes hacer, es aceptar y adaptarte al cambio. Incluso en nuestra vida, podemos necesitar cambiar la forma en que vivimos porque no tenemos otra opción que hacerlo. Por ejemplo, puede ser que seas un fanático de las comidas picantes. Pero tienes una condición de salud que te desalentará de disfrutarlas. Por orden de tu médico, no puedes comer tanto como antes (o nunca más podrás hacerlo).

La nueva normalidad puede parecer un shock del sistema para muchos. Y muchos seguirán haciendo preguntas y tendrán pocas respuestas con las que trabajar. Una persona disciplinada, podría estar nerviosa por la nueva normalidad. Pero lo supera con una sonrisa en la cara sabiendo que puede asumir el reto. La incertidumbre de lo que hay en el otro extremo hace que sea aún más tentador para ellos seguir adelante.

Esta nueva normalidad será un desafío para muchos. Aquellos que se eleven por encima de ella saldrán ganando. ¿Serás tú uno de ellos?

DANDO A LUZ A LA DISCIPLINA

La disciplina es como un niño. Lo das a luz y lo crías como si fuera algo tuyo. Debería ser parte de tu vida. Un niño necesita que lo cuiden bien para que pueda crecer y ser fuerte, tanto en cuerpo como en mente. Lo mismo puede decirse de tu disciplina. No debes abusar de ella o descuidarla de ninguna manera. Así es como debes ver la disciplina desde este punto en adelante. Es importante que alimentes tu disciplina y la veas crecer hasta convertirse en algo que te haga más fuerte mentalmente y mejor persona en general.

¿Criar a un niño es una tarea fácil? Si eres padre, ya sabes la respuesta. No es tan fácil como la gente piensa. Pero las recompensas son dulces. Tu disciplina puede no ser fácil de mantener y alimentar. Pero imagina el tipo de beneficios y recompensas que cosechas en el proceso. Lo que puede parecer una tarea inofensiva (como procrastinar), está dañando tu disciplina en más de un sentido.

Ser capaz de disciplinarte a ti mismo y nutrirte de ello, te ayudará a que las cosas sean más fáciles de hacer. Podrás desarrollar una nueva habilidad con facilidad. Podrás hacer las tareas más críticas con más tiempo libre. Podrás resistir el impulso de ser absorbido por cosas que en realidad son una pérdida de tiempo. Si dejas que los contratiempos te afecten, o te involucras en actividades que te "chupan el tiempo", tu disciplina se verá afectada.

El Mito De La "Motivación"

La gente dice que debes hacer una cierta tarea cuando te sientes lo suficientemente "motivado". El problema es que la motivación es esquiva. Si la buscas, irá en la dirección opuesta. La mayoría de la gente se concentra mentalmente en buscarla y olvidarse de las tareas que tienen por delante. Antes de que se den cuenta, pierden un tiempo muy valioso.

Si quieres mejorar tu escritura, algunos te aconsejan que trabajes en ella siempre que te sientas motivado. ¿Por qué no escribir de todos modos? Tal vez escribir cien palabras a primera hora de la mañana. Luego, al día siguiente, puedes subirlas hasta unas doscientas y trabajar en ellas.

Lo mismo puede decirse de la pérdida de peso. ¿Por qué hacer ejercicio si tienes "tiempo libre"? Sabes que tienes un bloque de tiempo que puedes dedicar a hacer ejercicio regularmente. Unos días de la semana durante una hora puede ser justo lo que necesitas. Sólo encuentra ese espacio de tiempo disponible y dedícalo a hacer ejercicio.

Por último, si te tomas en serio el ahorro de dinero, entonces considera reservar una cantidad específica de dinero cada vez que tienes algún ingreso. En "El hombre más rico de Babilonia", de George Clason, una de las reglas es apartar el 10 por ciento de lo que ganas. Sólo toma esa porción y ponla a un lado en una caja fuerte o una caja de seguridad. Úsalo en caso de emergencia, no cuando quieras derrochar (otra prueba de fuerza de voluntad y disciplina, ahora que lo pensamos).

Si necesitas algo para ponerte en marcha, la visualización es la clave. Volviendo a nuestro capítulo anterior, puedes imaginarte en tu situación ideal e inculcarte las emociones que te impulsarán a hacer el trabajo. La visualización es mucho mejor que intentar localizar esa motivación siempre evasiva, ¿no crees?

OBSERVA LA VIDA DE LAS PERSONAS DISCIPLINADAS

En el capítulo anterior, le dimos una mirada profunda a la mentalidad de la gente mentalmente fuerte. Ahora, echaremos un vistazo a la vida de alguien que vive una vida disciplinada. Y no tenemos que ir demasiado lejos, en términos de profundidad, para descubrir el tipo de rasgos que estos poseen. Se puede saber quién es disciplinado y quién no, por la forma en que actúan y cómo llevan su día.

Vamos a repasar una lista de estos rasgos, para que tengas una buena idea de lo que puedes esperar, mientras estás en las primeras etapas para ser más disciplinado. Una vez que empieces a adoptar estos rasgos, se notará. No tendrás que decir una sola palabra para declarar que eres auto-disciplinado. Estos son los rasgos que probablemente desarrollarás con el tiempo:

Resistencia a la tentación: Obviamente, la tentación es el enemigo número uno de la disciplina. No importa cuánto quieras ceder a ella, sabes que dentro de ti está el poder de controlarte a ti mismo. La tentación puede ser poderosa sólo si permites que ocurra.

La tentación llega en los peores momentos (como los puntos bajos emocionales). Mientras seas consciente de su presencia y decidas no ceder, estarás en el asiento del conductor.

Compromiso sin fin: Aquellos que son disciplinados y comprometidos, dicen sus palabras y se apegan a ellas. Cuando declaran una meta que quieren cumplir, se aferran a ella. Punto. Fin de la historia. Cuando se las cuentas a otras personas, algunos de ellos podrán vigilarte para que las cumplas. Así que, cuando te pregunten cómo va, ¿cómo responderás? ¿Conmocionado y horrorizado? ¿O con confianza sabiendo que lo has conseguido?

Serás cuidadoso de ti mismo: Una persona que se cuida a sí misma, no sólo es disciplinada, sino que también tiene un alto nivel de autoestima que no se puede igualar. Se cuidan a sí mismos mental y físicamente y lo hacen con un plan en marcha todos los días.

Establecerás límites y fronteras: Una persona disciplinada conoce sus límites y sus fronteras. Los establecen y nunca los ignoran. En otras palabras, dicen no a las cosas fácilmente. No quieren cruzar una línea que se han fijado. Los límites y las fronteras son una verdadera prueba para la disciplina. Mantente dentro de ellos y sin duda te superarás.

Las emociones estarán en un segundo lugar: Cuando se trata de actuar, tus emociones pasan a un segundo plano (y con razón). Siempre que hay una meta o una tarea que debe ser hecha, lo hacen de todos modos, incluso si no tienen ganas de hacerlo. La tarea de anular tus emociones y realizar una tarea rutinaria, puede ser difícil para la mayoría de las personas. Por lo tanto, evadirla te llevará a la procrastinación.

Establecerás una fecha límite y la cumplirás: Tienes una meta a alcanzar y quieres cumplirla en seis meses. No hay que "retrasarla". Nada de "reprogramar". Nada de nada. Te debes aferrar a la fecha límite y cumplirla hasta ese día (o antes de ese día). ¿Está bien completar la tarea antes de lo previsto? Claro que sí. Debes resistir el impulso de aplazar o esperar un tiempo en el que la motivación parezca hacer las tareas.

El premio es el enfoque: Hay un montón de frases que puedes conjurar en el idioma español que serán una pepita de verdad. "Mantén la vista en el premio" es una de ellas. Ya sea que tengas un contratiempo o dos, o te hayas caído del vagón y no hayas hecho nada en días, saber cuál es el premio final y enfocarte en él, es la clave. Pronto recordarás que tienes una meta que cumplir y harás lo que sea necesario para lograrla, sin importar lo que se interponga en el camino.

Te centrarás en las cosas pequeñas: Cuando se trata de lograr una meta más grande, saben que se trata de centrarse en las cosas pequeñas. Dividen el objetivo mucho más grande en pequeños pedazos. Piensa en ello como un álbum de música. No puedes grabar una canción y llamarla buena. Puedes grabar diez de ellas y tener un álbum de éxito que a tus fans les encantará. Una canción equivale a un paso hacia la consecución de tu objetivo mucho más grande. Lo mismo se puede decir de un libro. Escribe mil palabras y estarás más cerca de conseguirlo todo. ¿Entiendes la idea?

HAZTE AMIGO DE PERSONAS QUE SEAN MÁS INTELIGENTES QUE TÚ

Hay un viejo dicho: "Si eres la persona más inteligente de la habitación, busca otra habitación". Esto no solo te ayudará a desarrollar más disciplina y fortaleza mental, sino que también te motivará en el hecho de que pueda haber alguien que sea más disciplinado que tú, más inteligente que tú y que haya logrado más cosas que tú. No permitas que esto sea una acusación personal en tu contra. Estas personas no son tus enemigos. Son personas de las que puedes aprender e inspirarte a ser la mejor versión de ti mismo.

Ahora, la pregunta es: ¿cómo te rodearás de gente más inteligente que tú? Además, ¿dónde puedes encontrarlos exactamente? La respuesta puede parecer algo inesperada, pero las personas que son más inteligentes que tú se pueden encontrar en cualquier lugar. Es cuestión de saber cómo localizarlas.

SEÑALES DE QUE ALGUIEN ES MÁS INTELIGENTE QUE TÚ

No es que haya un lugar específico donde puedas encontrar gente más inteligente que tú. Ser observador es clave cuando buscas gente que es más inteligente que tú. Echaremos un vistazo a los siguientes seis signos que te ayudarán a determinar si una persona es más inteligente que tú. Una advertencia: pueden exhibir una señal y luego ser completamente tontos. Por lo tanto, es importante buscar al menos dos o tres señales antes de hacer una confirmación.

Esto es lo que debes buscar:

Hablan menos y escuchan más: Esto parece una cosa bastante obvia. La mayoría de la gente se volvió inteligente sólo por escuchar a otros y hablar en las oportunidades adecuadas. Pueden hacer preguntas para obtener más información o buscar aclaraciones sobre una declaración que están tratando de entender.

Se especializan en algo: Una persona inteligente es generalmente un especialista en un área determinada. Claro, tienen intereses en temas amplios. Pero siempre hay una cosa de la que hablarán durante veinte minutos seguidos y nunca se cansarán de hacer. Conocen el tema en detalle. Saben cosas de su especialidad que la mayoría de la gente no sabe.

Tienen excelentes habilidades de gestión: Cuando una persona inteligente, es un líder o un gerente, no quiere ser la única persona inteligente del grupo. Quieren que sus subordinados adquieran conocimientos y no perderán tiempo en difundir esa riqueza de conocimientos con otras personas. Mientras encuentren personas que estén dispuestas a aprender, esto puede parecer bastante simple de hacer.

Siguen adelante cuando las cosas van mal: Esto no hace falta decirlo. Pero la gente inteligente suele ser disciplinada y mentalmente fuerte. Un ejemplo que demuestra esto es su capacidad para manejar las cosas que no les favorecen con el menor estrés posible. Se ríen de los errores simples y siguen adelante en lugar de insistir en ellos. Además, cuando las cosas van mal, siempre tienen algunos planes alternativos bajo la manga. Son como magos en cierto sentido. Los conflictos ven que están siendo engañados por una persona inteligente que ya ha "escapado" con una solución alternativa.

Utilizan los medios sociales, pero no de la manera habitual: En algún momento, una persona inteligente confiará en las redes sociales como fuente de información. No se involucrarán en ninguna de las pequeñas cosas tóxicas para las que la mayoría de la gente usa las redes sociales. Podrían estar en las redes sociales con el propósito de comunicarse con la familia y los amigos cercanos. Aparte de eso, a una persona inteligente no le importan mucho las redes.

No hacen que los demás parezcan tontos: Una persona inteligente nunca hará que alguien se vea tonto. Sería fácil de hacer, pero hay una advertencia. Si intentan hacer que una persona se vea mal, eso les devolverá el boomerang y ellos mismos se verán mal también. Estaríamos hablando de una tarea contraria a la intuición. En lugar de eso, tratan de hacerlos ver como una persona inteligente.

Ahora que conoces estas señales, te será menos difícil tratar de detectar a las personas más inteligentes que puedas encontrar. Puedes encontrarlos por completo accidente con sólo tener conversaciones al azar con ellos. Además, conectarte con personas inteligentes y construir una red tomará tiempo y esfuerzo. Pero será agradable tener a mano el saber que tienes una persona a quien preguntar que hacer o a quien acudir para buscar algún tipo de consejo.

En estos tiempos, puedes seguir a personas más inteligentes que tú en los medios sociales. Descubre lo que están leyendo o compartiendo. Encuentra maneras de conectarte con ellos. Si se ajustan a tu perfil ideal de con quién quieres conectarte, entonces añádelos a una lista de personas que quieres conocer. Al principio no tienen que ser personas con grandes nombres. Si te diriges a las personas famosas primero, será muy difícil conectar con ellos ya que tienen muchos guardianes (sin mencionar que sus apretadas agendas serán una molestia para navegar).

CONSEJOS SOBRE LO QUE HACE LA GENTE INTELIGENTE

Si deseas volverte inteligente y realmente conocer el papel, es importante saber qué hacen (además de los rasgos enumerados anteriormente). Aquí hay algunas cosas que sugerimos:

Lee: Eso es lo que estás haciendo ahora, ¿verdad? Además, hay otros libros que quizás desees considerar leer también. Siempre que sean de tu interés, hazlo. Una cosa más, ¿en qué tema estás interesado en adquirir conocimientos? Una vez que tengas una idea, comienza por leer algunos de los mejores libros (junto con algunos títulos relacionados).

Vístete bien: esto puede sonar un poco ridículo. Pero generalmente hay un patrón de cómo se visten las personas inteligentes. Por lo general, están bien vestidos, bien arreglados y se cuidan bien. Si sigues a personas que son más inteligentes que tú, observa cómo están vestidas. Esto no significa que tengas que llevar traje y corbata todo el tiempo. Pero algo que te haga lucir presentable.

Comunícate de manera eficaz: ¿Cuál es la diferencia entre alguien que se apresura mientras habla y alguien que habla despacio, articuladamente y hace una pausa en los momentos adecuados? Uno de ellos es un comunicador eficaz. La persona que habla como si tuviera prisa no se comunica con eficacia. Y a menudo tropezarán por todos lados. Alguien que habla despacio, va al grano y hace una pausa para ordenar sus pensamientos antes de continuar, será percibido como mucho más inteligente.

Aprende a construir una buena relación: cuando te conectes con las personas que deseas incluir en tu red, la clave es la construcción de una relación. Conócelos un poco. Trata de no buscar nada demasiado personal al principio de la interacción.

Hay muchas cosas que las personas inteligentes pueden hacer (y tú también lo harás con la práctica). Las personas inteligentes hacen las cosas, en cierta forma, de manera subconsciente. No nacieron para comunicarse de manera eficaz o no les fue fácil construir una buena relación. Lo han aprendido. Las personas inteligentes saben cómo convertirse en las mejores versiones de sí mismas.

ADOPTA UN ENFOQUE PROACTIVO

Una persona disciplinada e inteligente siempre busca el enfoque proactivo, en lugar del reactivo. Cuando eres proactivo, estás asumiendo la responsabilidad. Los que son proactivos no culpan a otras personas o cosas que están bajo su control. Suena familiar, ¿no? La gente reactiva hace exactamente lo contrario de lo que acabamos de mencionar. Preséntanos a alguien disciplinado y reactivo y te presentaremos a alguien que nunca ha dicho una mentira en su vida.

Entonces, ¿cuál es la diferencia entre ser proactivo y reactivo? Echemos un vistazo al siguiente escenario: Por ejemplo, si un niño te llamara estúpido sin razón aparente, ¿qué harías? Una persona reactiva justificaría que no es estúpido y tal vez incluso molestaría al niño. Una persona proactiva, mientras tanto, tendrá la opción de reaccionar de esa manera o ignorarlo y seguir adelante. En sus cabezas, no les importa la opinión de un niño mocoso. Por lo general, harán lo mismo si un adulto llama a alguien estúpido sin razón.

La única diferencia verdadera entre una persona proactiva y una reactiva es la elección. Una persona reactiva ya ha elegido reaccionar, mientras que una persona proactiva tiene una vía diferente a seguir. Parece algo simple de hacer, pero mucha gente no lo sabe o no lo practica.

La persona reactiva dejará que las cosas que están fuera de su control lleguen a ellos. Una persona proactiva comprenderá que éstas existen y que no hay nada que pueda hacer. Pero saben de algunas alternativas y soluciones provisionales. Por ejemplo, si eres una madre o un padre que está planeando llevar a tu hijo de picnic al parque y llueve, puedes llevarlo a almorzar a tu restaurante favorito. No es gran cosa, siempre hay una alternativa.

Una persona reactiva se sentirá mal por no poder hacer algo con sus hijos y sentirá que ha fracasado como padre (cuando en realidad, no es su culpa). Las cosas que están fuera de su control influirán en su comportamiento o le permitirán actuar en consecuencia, basándose en planes alternativos que podría haber establecido de antemano (o pensado en el momento).

RECAPITULANDO

Cuando se trata de disciplina, ésta debe ser tratada como si fuera tu propio hijo. Quieres dar a luz y criarlo. Lo último que quieres hacer es dañarlo, cometiendo errores que parecen tareas inofensivas (como la procrastinación). Otra cosa de la que no debes preocuparte es de encontrar la motivación. Olvida el hecho de que tal cosa existe. Haz la tarea de todas formas, aunque no tengas ganas de hacerla. Tendrás una sensación de logro y sabrás que tener un día espantoso no te va a impedir completar las tareas del día.

Alguien que vive una vida disciplinada, posee rasgos que pueden ser fácilmente adquiridos. Se compromete a cumplir sus objetivos, a poner sus emociones en el asiento trasero y a mantener la vista en el premio, sin importar lo que pase. Harán lo mejor para conquistar sus metas y hacer el trabajo, sin importar lo que la vida les depare.

Si quieres aprender más sobre cómo vivir una vida más disciplinada, es mejor ir a la fuente: la gente más inteligente que conoces. Normalmente son más disciplinados y mentalmente más fuertes que la mayoría. Haz lo mejor que puedas para conectarte con ellos, ya sea en línea o en persona. Estas serán personas de las que podrás aprender o incluso formar amistades para toda la vida.

Por último, adoptar un enfoque proactivo, en lugar de uno reactivo, será definitivamente un estímulo para tu disciplina y tu fortaleza mental. Te desafiará a manejar las cosas más allá de tu control, de una manera más apropiada. Aprenderás a idear planes alternativos cuando las cosas no salen como quieres. Y aprenderás que es inútil culpar a otras personas o cosas de los resultados negativos que afectan a tu vida.

Una persona proactiva es inteligente, ve algo bueno en lo malo, y siempre saldrá ganando al final. Es una cuestión de cómo eligen reaccionar ante una situación negativa.

6

ALCANZA TUS METAS MÁS ALTAS Y APUNTA HACIA LA VERDADERA LIBERTAD

Todos tienen una meta principal, que es la más alta de todas. Y para la mayoría, alcanzarla puede parecer casi imposible. Sin embargo, mientras tengan la mentalidad correcta, pueden lograrlo. En este capítulo, hablaremos de establecer esos objetivos, alcanzarlos y ser capaces de vivir una vida de verdadera libertad.

Hablaremos de las cosas que pueden llevarte en la dirección correcta... Lo que será suficiente para que empieces y te mantengas en esa dirección. Antes de que te des cuenta, serás capaz de moverte en la dirección correcta sin tener ningún problema. Incluso con ligeros contratiempos, sabrás exactamente qué hacer y a dónde ir.

Este capítulo te mostrará exactamente lo que se necesita para alcanzar tus objetivos. Aprenderás que hay muchas maneras de establecer objetivos y alcanzarlos. Pero para simplificar, te mostraremos una forma de acercarte a ellos con facilidad. Si quieres alcanzar tus objetivos y hacerlo fácilmente sin demoras, sigue leyendo.

¿QUÉ ES LO QUE TE MUEVE?

¿Qué es lo que te mueve? ¿Qué te saca de la cama por la mañana? Estas son sólo un par de preguntas que vale la pena hacerte. Siempre hay algo que te encanta hacer hasta el punto de que nunca te cansas de ello. Es lo único que te hará pasar de ser perezoso a ser una persona de acción.

Otra cosa que puede moverte es la influencia. Sin embargo, hay tres tipos de influencia que existen: negativa, neutral y positiva. Afrontémoslo: la influencia y el control, son algo que queremos en nuestras vidas. Y esa es una de las pocas razones por las que estás leyendo este libro ahora mismo. Quieres un control total sobre la mayoría de las cosas en tu vida. Quieres liberarte de las entidades que te atan y limitar el control que tienen sobre ti, en este momento.

También queremos ser un ejemplo para aquellos que buscan nuestra influencia. Lo último que queremos, es ser una mala influencia para los demás. Hablando de buscar influencias, es más probable que las busques tú mismo. El único tipo de influencia que querrás tener, son las de aquellos que están en el lado positivo. No hace falta decir que hay influencias positivas que están observando cada uno de tus movimientos (y puede que ni siquiera lo sepas). ¿Quiénes son exactamente estas influencias positivas? Tus padres, tu cónyuge, tus hijos, cualquiera que juegue un papel positivo e importante en tu vida.

Naturalmente, estas son las personas que serán tus mejores amigos y animadores. Si eres padre o madre, tus hijos te están observando. En todo caso, eres responsable de ser la figura influyente en su vida. Por lo tanto, sería bueno que les dieras el mejor ejemplo posible, para que aprendan de ti.

Lo sepas o no, tus acciones, sin importar cuán grandes o pequeñas sean, jugarán un papel influyente. Puedes influenciar a alguien en tu vida sin decir una palabra. Evita las malas influencias tanto como puedas. Sus acciones (o inacciones) pueden atraerte y puedes imitar lo que están haciendo. Esto es algo que no quieres hacer cuando tu objetivo final es ser el más disciplinado y ser mentalmente fuerte.

¿QUIÉNES SON LOS INFLUENCIADORES QUE TE CAMBIARÁN LA VIDA?

Jesucristo. Madre Teresa. Abraham Lincoln. Elon Musk.

Estos son sólo algunos nombres de personas que pueden ganarse el título de influenciadores que cambian la vida. Estas figuras históricas y grandes nombres, pueden tener un conjunto de palabras y acciones que pueden impactar a la gente de manera positiva. Pero, ¿tienen que ser famosos los que te cambien la vida? No, en absoluto. Pueden ser miembros de tu familia o personas que nunca habías conocido en tu vida.

La verdad es que hay un par de personas con las que te encontrarás en tu vida, que te cambiarán la vida para mejor. Serás afortunado de aprender de ellos, admirarlos, y hablar muy bien de ellos mucho después de que mueran. ¿Quién sabe? Podrías ser esa influencia que cambia la vida de alguien. Podrías estar vivo o muerto y aun así causar algún tipo de impacto en una persona.

Tómate un momento para pensar en tus influenciadores de cambio de vida e ideales. ¿Quién aspiras ser? ¿Qué es lo que te atrae de ellos? ¿Por qué los consideras influenciadores? Estas son sólo algunas de las preguntas que deberías considerar hacerte.

Tiene que haber una persona así en tu vida, incluso en este momento de tu vida. ¿Quién fue uno de tus profesores favoritos en la escuela? ¿Lo consideras un individuo disciplinado y mentalmente fuerte? ¿Qué fue lo que te atrajo de sus clases para que las tomaras como influencia? Recuerda, hay mucho espacio para que incluyas a otra persona influyente en tu vida que te cambie para mejor.

MOVERSE COMO SI TODO FUERA SIN ESFUERZO

¿Has visto alguna vez programas como "Guerrero Ninja Americano" o "Titán"? Estos son programas de televisión donde personas con habilidades atléticas locas, muestran sus talentos pasando por carreras de obstáculos de manera oportuna. Estas no son las usuales carreras de obstáculos como correr alrededor de conos o alternar entre los pies en una carrera de neumáticos.

Estos competidores cruzan a través de puentes desvencijados, suben por las paredes en rappel y caminan por las vigas de equilibrio rápidamente. Si caes en el barro o el agua, pierdes. Para la persona promedio, parece una tarea muy difícil de hacer. Pero los concursantes de estos espectáculos, se han esforzado mucho para asegurarse de que están en la mejor condición física.

Cuando practican para estas competencias, lo hacen sin hacer ningún tipo de esfuerzo. También realizan tareas que pueden parecer imposibles de realizar para la persona promedio (como si fuera casi normal para ellos). Entrenan duro, cambian sus dietas para acomodarse a dicho entrenamiento, y se ponen a trabajar incluso en días en los que no quieren hacerlo. Además, hacen sacrificios para concentrarse más en su entrenamiento. La lección aquí es que tienen un sistema en marcha que les permite lograr sus objetivos. Su objetivo final es competir en "Guerrero Ninja Americano" o "Titán".

Saben que ganar todo sería la cereza de la torta. Pero sólo con estar ahí concursando, es suficiente para ellos. Después de tanto trabajo y dedicación, lo han logrado.

Yendo al grano: la lección es que han puesto la práctica y el trabajo para hacer todo sin esfuerzo. Son conscientes de los errores que cometen y de cuántas veces sucederán. No se quejan ni piensan que son pésimos en lo que hacen. Vuelven a levantarse, lo atraviesan y lo hacen.

¿Qué es lo que hace que el logro sin esfuerzo sea "imposible"?

Para la mayoría de nosotros, nuestro deseo de movernos sin poco o ningún esfuerzo, es lo que buscamos. ¿Qué tan bueno sería para nosotros levantarnos de la cama por la mañana y hacer algo sin esfuerzo o sin fallar? Desafortunadamente, eso parece estar muy lejos de la realidad. Parece que cada vez que queremos hacer algo, no tenemos ganas y preferimos ser vagos todo el día.

Es posible lograr nuestros objetivos con poco o ningún esfuerzo. Pero, ¿cómo podemos llegar allí? La clave para pasar de querer hacer algo a hacerlo de todos modos se puede resumir en estas palabras: comprensión emocional. ¿Cómo abordas la comprensión emocional?

¿Cómo funciona esto? Deber echar un vistazo a la meta que quieres lograr. A partir de ahí, podrás examinar por qué es tan difícil lograrlo. ¿Qué lo hace tan desagradable? Una vez que tengas una buena idea de por qué parece una tarea tan difícil de lograr, solo entonces podrás desconectar las asociaciones negativas. Específicamente, las emociones negativas y las asociaciones de lograr un objetivo, suelen ser el "No quiero hacerlo" o "No tengo ganas de hacerlo". Algunos incluso usarán la excusa de que el trabajo es "demasiado duro". Eso es un signo de resistencia emocional. Y esa es solo otra señal de dejar que tus emociones te controlen en lugar de que tú las controles a ellas.

Lo qué tienes que hacer es aprender cuáles son tus bloqueadores emocionales. Si tu objetivo es escalar el Denali en Alaska, pero tienes miedo a las alturas, entonces tu miedo a las alturas es un bloqueo emocional. Existen tres tipos de bloqueadores emocionales:

Inmediatos: este tipo de bloqueador emocional surge de lo que realmente no te gusta hacer para poder lograr el objetivo en sí. En otras palabras, ¿qué es lo que odias del objetivo que quieres alcanzar? ¿Es algo que odias tener que hacer? Debes realizar la tarea de todos modos, sin importar cuánto la odies. Un ejemplo de esto en la vida real, es no poder pasar tiempo con tu familia debido a que se acerca una fecha límite importante de un proyecto laboral. Si bien no los ignoras en lo más mínimo, necesitas mucho tiempo y atención, para lograr un objetivo que significará un gran logro para tu negocio. Odias tener que sacrificar ese tiempo que de otra manera le dedicarías a tus seres queridos. Pero sin ese sacrificio, tú y tu familia, no estarán mejor.

De identidad: esto se reduce a un diálogo interno negativo. "No puedes hacerlo porque eres terrible en X". Te dices a ti mismo que no eres el tipo de persona que logra una meta que planeas establecer. Puedes ser tu propio yo. Pero puedes ser una mejor versión de ti mismo, si logras los objetivos que te propusiste, incluso si eso no es característico en ti. No hay nada más satisfactorio que alguien te diga que hay algo diferente en ti (y en el buen sentido).

Negarse a recibir ayuda: Son básicamente ciertas creencias que adoptas y que te impiden alcanzar la meta que deseas alcanzar. Por ejemplo, alguien puede estar luchando para lograr una determinada tarea, pero tiene demasiado orgullo para pedir ayuda. No quieren ser percibidos como débiles. Todos somos humanos. Y cuando los humanos luchan, no tienen miedo de pedir ayuda.

Debes tomarte un momento y pensar en el tipo de bloqueadores emocionales con los que te has enfrentado en el pasado. No tiene por qué ser una lista demasiado larga. Piensa en cinco bloqueadores emocionales diferentes con los que hayas lidiado en el pasado. Piensa en las metas que deseas lograr y mira hacia el futuro. ¿Qué tipo de bloqueadores inmediatos ves? ¿Qué estás dispuesto a sacrificar para alcanzar tu objetivo (pero es algo a lo que te resultaría difícil renunciar)?

¿Qué tipo de diálogo interno negativo has tenido? Y, por último, ¿cuáles son los bloqueadores emocionales que se presentan a medida que se acerca al logro de tu objetivo? ¿Eres demasiado orgulloso para pedir ayuda? ¿Te estás diciendo a ti mismo que ese objetivo es imposible?

Ser capaz de evaluar cuáles son tus bloqueadores emocionales y ser capaz de vencerlos te ayudará a ser más capaz de alcanzar tus metas sin el esfuerzo y la motivación necesarios.

CONSEJOS ADICIONALES PARA LOGRAR TUS OBJETIVOS SIN ESFUERZO

A medida que te adentras en tu viaje hacia el logro de tus metas más altas, querrás seguir los siguientes siete consejos que te daremos a continuación. Es comprensible que haya cosas que no quieras hacer. Al mismo tiempo, tus emociones negativas son las principales culpables de tu inacción o de tu lento avance hacia las metas que te has propuesto.

A continuación, se indican algunos aspectos a tener en cuenta:

Delegar, si es necesario: ¿No sabes cómo hacer una determinada tarea? ¿Sabes cómo pero no tienes el tiempo? Delégala a alguien que lo hará por ti. No podemos hacer malabares con todo a la vez. Como seres humanos, tenemos nuestros límites. Hay momentos en los que se necesita alcanzar un objetivo para el que se necesitará más de una persona para lograrlo. Delega en alguien que tenga la habilidad y la competencia y te sentirás mucho mejor.

Elimina las viejas metas: Probablemente tengas una lista de tareas, tienes metas que nunca has logrado o que nunca has intentado alcanzar. Lo único que puedes hacer en este momento es eliminarlas todas juntas. ¿Qué sentido tiene intentar realizarlas cuando se van a quedar ahí y acumular polvo? En cambio, concéntrate en las metas que te interesan y te hacen feliz.

Conoce tus límites: en el capítulo anterior, hablamos sobre cómo establecer límites. Es importante recordar qué son y qué debes hacer para permanecer dentro de ellos.

Elimina las distracciones: ya hemos tratado las distracciones anteriormente en este libro. A estas alturas, deberías tener una idea básica sobre cómo eliminar las distracciones, tanto externas como internas. Si no es así, consulta el Capítulo 3 sobre cómo puedes minimizarlas para tu beneficio.

Encuentra las herramientas adecuadas para el trabajo: según los objetivos que desees alcanzar, es importante encontrar las herramientas adecuadas que funcionen. Si estás usando algo que no está funcionando de manera efectiva, entonces será el momento de encontrar algo nuevo, mucho más funcional, que te permita hacer el trabajo.

Cambia lo que no funciona: si estás haciendo algo que no funciona, ¿de qué sirve hacer lo mismo una y otra vez esperando un resultado diferente (que es una locura, por supuesto)? Cámbialo y ve si funciona. Si es así, bien. Si no es así, repite el proceso hasta que algo funcione.

Duplica lo que funciona: si sabes lo que funciona en términos de lograr tus objetivos, esta es una buena oportunidad para duplicarlo. Si estás trabajando, puedes hacer el doble de trabajo si estás a la altura del desafío. Cuanto más trabajes, más rápido podrás lograr tu objetivo más alto, sin perderlo en el camino, ni reducir su calidad.

3 ES UN NÚMERO MANEJABLE PARA COMENZAR A TRABAJAR

Quienquiera que acuñó el término "es tan fácil como 1, 2, 3" obviamente dio en el clavo. Cuando empiezas a establecer los objetivos que quieres alcanzar, quieres que el proceso sea lo más simple posible. Paso uno, paso dos, paso tres, hecho. Suena bastante bien, ¿verdad? En esta breve sección, te mostraremos una nueva forma de establecer los objetivos que quieres lograr. Más adelante en el capítulo, hablaremos de los diferentes métodos de fijación de objetivos que puedes usar.

Ahora, aquí está el proceso de tres pasos para ayudarte a establecer tus metas para que puedas alcanzarlas con facilidad:

1. **Establece tres objetivos manejables:** Parece bastante simple, ¿verdad? Tres metas simples que puedas alcanzar fácilmente en poco tiempo, sería un buen comienzo. Cinco metas serían un empuje. Diez podrían ser una tortura (especialmente si estás empezando).

2. **Asegúrate de que sean altas, pero alcanzables:** Quieres que las metas sean un poco difíciles. Pero nada demasiado difícil. Quieres que se extiendan un poco. Si no lo haces, es probable que se consideren cosas "para hacer" y no metas.

3. **Junta una serie de "Quehaceres" en una lista:** Puedes

poner las tareas "por hacer" en una lista que puede formar el objetivo que quieres alcanzar. La mejor técnica para algo así es la técnica SMART (que aprenderemos en la siguiente sección).

HAY VARIAS MANERAS DE ESTABLECER TUS OBJETIVOS, PERO DEBES ELEGIR LA QUE MÁS TE CONVENGA.

En esta sección, hablaremos de tres métodos de gestión de objetivos que funcionarán a tu favor. Incluyen los siguientes: SMART, HARD y WOOP. Probablemente te estés preguntando "¿qué diablos son?" Desglosaremos cada método para que entiendas mejor qué son y cómo puedes usarlos. Primero, analicemos SMART:

EL MÉTODO SMART

No perdamos tiempo, echemos un vistazo a SMART, cuyas siglas en inglés significan lo siguiente:

Específico: ¿Cuál es el objetivo específico que quieres lograr? En lugar de ser vago como decir "ganar más dinero" puedes decir "Ganar 10.000 dólares para el 31 de diciembre empezando una agencia de marketing de contenidos para tiendas de comercio electrónico". O en lugar de "perder peso", puedes decir que quieres "perder 10 libras en seis semanas haciendo ejercicio tres veces a la semana durante 15 minutos". Cuanto más específico sea, mejor.

Medible: Obviamente tienes que hacer un seguimiento de tus objetivos. Y una de las mejores maneras de hacerlo es medirlos. No serás capaz de saber hasta dónde has llegado si no tienes las métricas o los datos. Sin ello, no serás capaz de determinar si es posible o no hacer un cambio hacia el logro de tu objetivo.

Alcanzable: Si tu objetivo es realista, puede ser alcanzable. ¿En cuánto tiempo puedes alcanzar el objetivo en sí? No te fijes metas elevadas y piensa que puedes alcanzarlas en el menor tiempo posible. Si quieres ganar 10.000 dólares (por ejemplo), piensa en un plazo realista. ¿Puedes hacerlo en seis meses? Es posible, pero será difícil. ¿Qué tal en un año? Suena bastante realista.

Relevante: ¿Esta meta es relativa a tus valores? ¿Es este el tipo de meta que te hará feliz? ¿Se ajusta a tus creencias personales? Estas son algunas de las preguntas que debes hacerte para asegurarte de que tus objetivos sean relevantes para ti.

Con un plazo determinado: Siempre es una buena idea establecer un plazo para cuando se pueda alcanzar el objetivo. No puedes decir que quieres hacer X e Y sin un marco de tiempo específico. De nuevo, piensa de forma realista aquí. Para objetivos más pequeños, establece un marco de tiempo más corto. Por ejemplo, si quieres perder cinco libras, seis semanas pueden ser un buen plazo. Si quieres perder 20 libras, considera que tres meses pueden ser suficientes.

EL MÉTODO HARD

A continuación, echaremos un vistazo al método HARD. Cuyas siglas en inglés significan lo siguiente:

Sentido: A veces, depositar tus emociones para lograr tus objetivos puede ser necesario. ¿Por qué te importa esta meta? ¿Cuál es tu apego emocional? ¿Es por alguien que amas? ¿Cuál es esa emoción que te impulsa a alcanzar esa meta?

Anímate: Esto te ayudará a pensar en lo que ocurrirá después del hecho. Visualízate en una escena en la que acabas de alcanzar la meta de tus sueños. ¿Cómo te sientes? ¿Qué tipo de emociones estás sintiendo?

Qué requiere: ¿Cuáles son las razones concretas que te están ayudando a lograr esos objetivos? ¿Qué hay que hacer? ¿Qué objetivos hay que hacer urgentemente?

Dificultad: Aquí es donde realmente quieres desafiarte a ti mismo. Intencionalmente quieres dificultar la meta para poder enfrentar los desafíos de frente. Aunque, hacemos hincapié en que no debes hacerlo más difícil de lo que tiene que ser. Establece algunos desafíos que pueden ser difíciles de lograr. Pero sé consciente del desafío que te espera para prepararte a conquistarlo en cada oportunidad.

EL MÉTODO WOOP

Por último, echaremos un vistazo al método WOOP: Esto es perfecto para cuando quieres romper viejos hábitos y formar otros nuevos. Vayamos directo al grano, sus siglas en inglés significan lo siguiente:

Deseo: ¿Qué objetivo te entusiasma alcanzar? ¿Qué es lo que sueñas? Piensa en el objetivo y asegúrate de que sea una meta lo suficientemente realista para alcanzarla.

Resultado: ¿Cuál es el resultado que quieres lograr? Imagínatelo en tu mente.

Obstáculo: ¿Qué obstáculos se interpondrán en el camino de esta meta? Ser consciente de ellos, incluso antes de avanzar, te dará una mayor ventaja para enfrentarte a ellos. Podrás navegar por los obstáculos con facilidad y simplicidad. Sabrás qué es lo que te puede detener. Al mismo tiempo, necesitarás formar un plan de batalla para atacar los obstáculos y avanzar.

Plan: Sin un plan, no puedes hacer nada. Planea los pasos iniciales que necesitas tomar. Planea algunas alternativas en caso de que encuentres algunos callejones sin salida u obstáculos. Planificar con antelación te dará una ventaja aún mayor.

Una de estas técnicas puede funcionar a tu favor. Es importante probarlas y ver cuál será más efectiva. Como se mencionó antes, la técnica WOOP es perfecta para cualquiera que busque formar un nuevo hábito mientras patea los viejos a la acera. Si estás buscando comenzar un nuevo negocio en línea y planeas hacerlo crecer con el tiempo, la técnica SMART podría ser más adecuada para tal cosa.

DEFINE TU LIBERTAD Y SÉ RESPONSABLE

La verdadera libertad es digna de ser alcanzada. Quieres liberarte de la prisión de tu mente, de una mentalidad negativa. El difunto Sean Stephenson dijo una vez que tu mente es como una prisión. Puedes escapar de ella en cualquier momento, ya que no hay guardias ni alambrado de púas. Pero lo que te mantiene dentro de esa prisión es tu limitada autoestima.

La verdad es que puedes adquirir la verdadera libertad con sólo salir de esa prisión. Desde allí, eres libre de moverte en cualquier dirección. Siempre y cuando te lleve a tu destino final (tu objetivo principal). La libertad es posible, pero el único obstáculo que se interpone en nuestro camino somos nosotros mismos.

La libertad es diferente de una persona a otra. Una persona quiere ser libre en espíritu. La otra quiere alcanzar la libertad en el sentido de no estar atada por sus problemas financieros. La libertad no es una especie de término político. Es algo que se puede adquirir en un sentido físico, espiritual y psicológico. Puedes liberarte físicamente de una vida de potenciales problemas de salud perdiendo peso. Puedes liberarte de reveses psicológicos y bloqueos mentales si decides seguir adelante y cambiar tu forma de pensar para mejor.

La única cosa que necesitas para conseguir esa libertad, es tener conciencia. Debes ser consciente de que no serás completamente libre, hasta que no hayas seguido los pasos para lograrlo. Una vez que eres consciente de tu nueva libertad, la misión está cumplida. La conciencia es el primer y último paso.

En este caso, eres consciente de que no estás en la mentalidad correcta. No estás en un estado en el que seas disciplinado o mentalmente fuerte para manejar los desafíos de la vida. La prisión es un infierno (literal y figuradamente). En este contexto, vivir una vida donde la disciplina y la fortaleza mental no existen, podría ser tu propio infierno personal. Puedes liberarte de la comodidad y la complacencia. Puedes escapar de la negatividad con el tipo de plan de escape correcto que se describe en este libro.

Jocko Wilinik lo dijo mejor: la disciplina es igual a la libertad. Para traducirlo en un lenguaje sencillo, mientras tengas control tendrás libertad. Control sobre tu mentalidad, tus hábitos diarios, y todo lo demás. Si aceptas la disciplina, te ganas la libertad. Jocko es lo suficientemente disciplinado como para levantarse cada mañana a las 4:30 AM, permitiéndole más tiempo en el día. No tienes que levantarte temprano en la mañana para lograr esto.

Si quieres libertad financiera, debes inculcar la disciplina financiera. Deja de gastar tu dinero en cosas innecesarias. Puedes ahorrar dinero y tenerlo listo en un momento en que alguna situación financiera no tan agradable se presente en tu vida. Tendrás la libertad de deshacerte de él rápidamente antes de que el problema empeore. Si te haces responsable y te aseguras de tomar decisiones financieras inteligentes, podrás mantenerte al día con tus gastos habituales, para no encontrarte en una situación comprometida (como el desalojo de tu hogar).

CÓMO HACERTE RESPONSABLE

Hacerte responsable es una de las habilidades clave para lograr la verdadera libertad. Si no lo haces, disminuirán tus posibilidades. Aquí hay algunos consejos que deberías seguir para hacerte más responsable ahora y en el futuro:

No reveles tus objetivos: Uno de los errores más fatales que alguien puede cometer es revelar sus objetivos e intenciones a cualquiera. Cuanto más reveles, más presión te pondrás sobre ti mismo (especialmente cuando la gente te pregunte cómo van las cosas). Recuerda, nunca sabes quién te está viendo alcanzar ese objetivo específico que te has propuesto. Contrariamente a la creencia popular, anunciar tus objetivos no es la mejor manera de hacerte responsable. La gente quiere elogios prematuros para un logro que tal vez nunca se materialice. No sólo eso, puede que recibas comentarios negativos incluso antes de avanzar tu objetivo. Y eso solo podría paralizar mentalmente a cualquiera y evitar siquiera comenzar, en primer lugar.

Escribe tus metas: Si tienes una meta que quieres alcanzar, ponla por escrito. Mejor aún, comienza con una meta mayor y haz una lista simple de cómo quieres alcanzarla. Esto incluye tus metas a corto y largo plazo. Asegúrate de tenerla bien escrita y ordenada en una hoja de papel o en un cuaderno.

Prepara una declaración de tu objetivo: Una declaración de misión define quién eres, las metas que quieres alcanzar y los valores que te importan. No es necesario que sea tan larga como una novela. Hazla corta, dulce y al grano.

Revisa tu desempeño general: Echar un vistazo a tu rendimiento general te dará una visión de lo que has hecho bien, lo que has hecho mal, y lo que puedes hacer para mejorar en la próxima oportunidad.

No tengas miedo de pedir opiniones: La retroalimentación es importante. Pregunta a tus compañeros de equipo o a tu red de apoyo. Recibirás una retroalimentación positiva. Pero no toda será positiva en absoluto. Utiliza la retroalimentación negativa como una oportunidad para hacer algunos cambios y ajustes cuando sea necesario.

LA AUTODISCIPLINA PUEDE CREAR MÁS LIBERTAD QUE NUNCA EN TU VIDA

Esto no puede ser lo suficientemente estresante. Ser capaz de disciplinarte a ti mismo te ayudará a crear el tipo de libertad que deseas. La autodisciplina te permite ganar control y por lo tanto te da la libertad de hacer lo que quieras. La libertad te permite flexibilidad, indulgencia y permisividad. Por lo tanto, las dos van de la mano.

En pocas palabras, la disciplina es la que te da la libertad. Nunca es un tomador. Por eso es importante ponerte a ti en primer lugar, hasta cierto punto. Pero en algunas situaciones, ponerse en último lugar es igualmente importante. Si eres padre, siempre pones a tu familia primero. Se trata de tomar la decisión correcta que beneficiará no sólo a ti sino a las personas más importantes de tu vida.

La autodisciplina te obligará a tomar decisiones que pueden ser difíciles, pero que al final, habrán sido buenas decisiones. Por ejemplo, si estás tratando de llevar un estilo de vida saludable, puede parecerte difícil renunciar a la comida rápida. Pero en lugar de optar por el número uno con una Coca-Cola, optas por una ensalada y una botella de agua. Es difícil dejar las cosas a las que estás acostumbrado. Pero al final, vale la pena. Aprende a aceptar este tipo de decisiones y las tomarás luego sin sudar.

La pregunta para ti es simplemente esta: ¿Hasta dónde estás dispuesto a llegar para lograr la autodisciplina? ¿A qué estás dispuesto a renunciar? ¿Qué es lo que más te apasiona de tu enfoque? La recompensa de la libertad es dulce cuando eres consecuente con la autodisciplina,

DISFRUTA DE TUS MAYORES PLACERES Y PASATIEMPOS "LIBRE DE CULPA" Y SIN NINGÚN TIPO DE PROCRASTINACIÓN

Cuando seas autodisciplinado, podrás hacer más en lugar de menos. Podrás disfrutar haciendo las cosas que amas. Los objetivos que deseas alcanzar serán fáciles de lograr. Podrás trabajar en ese proyecto que has estado posponiendo durante tanto tiempo, apasionante. No sentirás vergüenza. Y no sentirás la necesidad de posponer las cosas.

Es importante dejar entrar lo que quieres traer a tu vida y dejar salir a todo de lo que quieres deshacerte. Es difícil dejar de lado las cosas que alguna vez has disfrutado. Pero una vez que te des cuenta de que fue más una pérdida de tiempo que un verdadero retorno de la inversión, te darás cuenta de que dejarlo ir no será tan malo después de todo.

RECAPITULANDO

Ser capaz de alcanzar tus metas más altas y lograr la verdadera libertad en el proceso, es posible. Todo se reduce a ser lo suficientemente disciplinado para lograrlo. Como alguien que está en el camino hacia la disciplina y la fortaleza mental, te das cuenta de que estás dando un ejemplo para aquellos que te vigilan de cerca. Te convertirás en una influencia positiva para alguien importante en tu vida. Además, también te modelas a ti mismo, según las personas en tu vida a las que consideras influyentes para un cambio de vida.

Ser capaz de avanzar hacia tu objetivo sin mucho esfuerzo, se reducirá a una cosa: ser capaz de ser consistente y ponerte a trabajar. No te preocupes por cometer errores o por los contratiempos que ocurran. Mientras seas consciente de esos contratiempos, estarás listo para ellos, aparezcan o no. Piensa en ti como alguien que está compitiendo por el Guerrero Ninja Americano. La meta que quieres alcanzar, está en el otro extremo del camino.

Cuando manejas tus metas, es tan fácil como 1, 2, 3 al planearlas. Sin embargo, querrás considerar un método para establecer tus metas. Ya sea que quieras ser inteligente o que quieras hacerte el listo, hay un método que funcionará para casi todos.

Tu libertad es tu recompensa por ser autodisciplinado y responsabilizarte. Esto te permitirá darte más tiempo para trabajar en un proyecto que te apasione, más libertad financiera y la capacidad de eliminar cualquier problema financiero antes de que empeore, y la libertad de hacer lo que te apetezca. La libertad es posible de alcanzar siempre y cuando estés dispuesto a disciplinarte.

IV

APRENDE A AMAR EL
PROCESO, NO PUEDES
SALTEÁRTELO

7

DESARROLLO DE LA DISCIPLINA

E n este capítulo se cubrirá paso a paso cómo debes desarrollar la disciplina. En todo caso, esta debe ser construida bloque por bloque. Debería ser como una pared de ladrillo o un edificio alto. Cuanto más alto sea, más alto será tu nivel de disciplina. La disciplina te ayudará a concentrarte en las tareas que quieres hacer, mientras que te permitirá desarrollar la capacidad de evitar que te desvíes de tu curso.

Hablaremos de si la motivación es suficiente o no. También hablaremos sobre para qué no debe usarse la disciplina. El poder de la disciplina es útil en muchas situaciones. Pero hay momentos en los que puede no ser tan necesaria. También hablaremos de cómo manejar tus impulsos y de cómo deberías simplemente "montar la ola" en lugar de ser tragado por ella.

Este capítulo te mostrará cómo tomar las decisiones fáciles y difíciles sin transpirar. La toma de decisiones a la que nos enfrentamos regularmente puede ser tan simple como pedir una pizza o tan difícil como cruzar una cuerda floja. A veces, tomar las decisiones más difíciles puede parecer fácil (incluso en situaciones en las que cualquiera de las dos decisiones que podrías tomar, tendrá algún tipo de consecuencia negativa).

Por último, aprenderás el tipo de autodisciplina desarrollada por los atletas profesionales y los Navy SEALs. Este es el tipo de personas que se enfrentan a tareas monumentales de forma regular. Y hacen las cosas difíciles sin fallar o con poco esfuerzo. Este capítulo es algo a lo que realmente quieres prestar atención. Especialmente cuando lo que quieres desarrollar la disciplina. Comencemos:

LA MOTIVACIÓN ES BUENA Y TODO, PERO NO ES SUFICIENTE

Al principio del libro, afirmamos que la motivación es algo que es difícil de encontrar. También dijimos que no es necesario encontrar la motivación para comenzar una tarea. Hazlo de todas formas aunque no tengas ganas. La motivación es como un gato. Llega a ti en los momentos en que menos te lo esperas.

Incluso si la motivación te encuentra, no será suficiente. Por lo tanto, hay algunos eslabones de la cadena que querrás añadir. Hablaremos de aspiración y dedicación. Ambas son lo que necesitas, aparte de la motivación en sí misma, para lograr concretar las tareas establecidas. Si unes las tres, obtendrás de esa mezcla, la disciplina perfecta.

Discutamos cada una de estas cosas empezando por la aspiración:

La Importancia De La Aspiración

La aspiración se define como la ambición o la esperanza de lograr un objetivo o una tarea específica. En un equipo, las metas y objetivos que ustedes como equipo establezcan, pueden lograrse con facilidad si están alineados con sus aspiraciones. Cuando eso ocurre, los niveles de compromiso aumentarán. El equipo trabajará en conjunto como una unidad gigante.

Antes de que el equipo trabaje en conjunto, necesitan saber lo que hay para ellos. ¿Cuál será exactamente el objetivo final del equipo? ¿Cómo serán recompensados por un trabajo bien hecho? Si no hay nada que obtener a cambio, ¿qué sentido tiene trabajar juntos?

Cuando un equipo sabe que hay una recompensa al final del camino, el equipo trabajará en conjunto. Mientras no haya diferencias personales que afecten a la moral del equipo o similares, el equipo puede lograr el objetivo que tienen por delante. Una de nuestras necesidades básicas que deben ser satisfechas, según la Jerarquía Maslow, es el sentido de logro y reconocimiento por lo que hacemos. No importa si trabajas como parte de un equipo o logras algo en términos de esfuerzos individuales. No hay mejor sensación que la de lograr algo de valor y ser reconocido por ello. El problema es que la mayoría de las personas deciden hacerlo pasar desapercibido.

La aspiración es una de las cosas clave que necesitas para ser disciplinado. ¿Cuál es tu mayor aspiración? ¿Cómo la conseguirás? ¿Qué obstáculos se interpondrán en el camino? ¿Y qué harás para superar esos obstáculos y seguir adelante?

¿Por qué la dedicación es igualmente importante?

La dedicación y la motivación no son lo mismo. La dedicación es tomar una decisión y honrarla en cada oportunidad posible. Te comprometes a comenzar la meta o tarea y a llevarla hasta el final. Es la dedicación la que separa a los verdaderos ganadores de los que abandonan cuando las cosas van mal.

La dedicación es lo que sucede cuando la motivación no se encuentra en ninguna parte, pero haces el trabajo de todos modos. Porque cuanto antes termines una tarea o te acerques a tu objetivo, mejor te sentirás, sabiendo que has tomado la decisión correcta. Cuando las cosas van mal, no te das por vencido. Cuando te caes del caballo, te vuelves a subir y vuelves a montar. De eso se trata la dedicación.

Cuando tú o tu equipo se enfrentan a contratiempos, es importante evaluar cuáles son, y manejarlos en consecuencia. Después de eso, sigues avanzando. No te detienes, dejas todo hasta conseguir el objetivo. Cuando el trabajo está medio hecho, no es lo suficientemente bueno. Habrá aquellos en el equipo que pueden renunciar a él a mitad de camino. O sigues adelante y dejas que alguien se encargue de una carga extra. O encuentras a alguien para reemplazarlo, que sea competente y lo suficientemente positivo para asumir los desafíos que aún quedan por delante para el equipo.

La dedicación es una cosa que ninguna persona puede ignorar o excluir para conseguir sus objetivos.

LA DISCIPLINA NO DEBE SER USADA PARA ACTIVIDADES Y TAREAS COMO ESTA...

Una de las cosas en las que no se debe usar la disciplina es cuando se realizan actividades creativas. La creatividad es más un proceso que una disciplina. La disciplina te enseña a mantenerte dentro de tus límites. Con la creatividad, hay un conjunto de reglas que pueden ser seguidas. Sin embargo, puedes romperlas cuando quieras. En su mayoría, las personas creativas, no se preocupan por las limitaciones y es probable que se ramifiquen por diferentes caminos en busca de nuevos descubrimientos. A menudo se ve esto con los artistas y músicos. Odian ser capaces de mantenerse dentro de los límites y reglas normales. Por lo tanto, se atreven a caminar en línea recta y crear algo que lleve las cosas un paso más allá.

Puedes usar la disciplina cuando haces cosas creativas. Pero al mismo tiempo, no tienes que seguir ninguna regla. Suena como una paradoja porque la disciplina y las reglas parecen ir de la mano. La disciplina y la creatividad nunca se encontrarán. Cualquier proyecto creativo parecerá un trabajo si se incorpora la disciplina. La creatividad en un aspecto es como la disciplina: te da libertad. En este contexto, tienes la libertad de dejar correr tu creatividad. Cuando la inspiración te golpea, añades algo a lo que estás creando actualmente o empiezas de cero. De cualquier manera, las reglas no se aplicarán, y la disciplina no es necesaria en este sentido.

MONTAR LA OLA DE TUS IMPULSOS

En esta sección, vamos a hablar de "El surf de urgencia". ¿Qué es exactamente? Básicamente se trata de abordar los comportamientos impulsivos. Específicamente, se asocian mayormente con adicciones como los atracones o el consumo de grandes cantidades de alcohol de forma regular. Cuando sientes la necesidad de beber o comer mucho para lidiar con una emoción negativa, es fácil ceder y hacerlo.

Pero con el surf de urgencia, es una cosa completamente diferente. Esta es una técnica de consciencia plena, o mindfulness, que puedes usar a tu favor cada vez que la necesites. No actúes en ese comportamiento adictivo. En cambio, medita y deja que pase a través de ti. Esto es mucho mejor que tratar de luchar contra él.

¿Cómo se practica esta técnica de consciencia? Primero, cierra los ojos. Imagina que estás montando en una tabla de surf. Esa ola gigante que estás montando es tu impulso. Imagina que estás montando los altibajos de esa ola. Te estás acercando a la costa que te guiará hacia la libertad y la disciplina. Normalmente, las ganas duran de 20 a 30 minutos.

Cualquier surfista profesional puede decirte que puedes montar la ola con facilidad, o que puedes hacer un movimiento equivocado y la ola te caerá encima. Con el impulso de surfear, cualquier cosa que no hagas se debilitará (y cualquier cosa que hagas se hará más fuerte). Cuanto más actúes según tus ganas, más fuerte se hará (y viceversa).

El surfing de urgencia para obtener mejores resultados

Esta técnica de surf de urgencia, te permitirá meditar durante intervalos de uno a cinco minutos. Después de cada intervalo, deberías reevaluar tus ganas. Si todavía las sientes, repite el proceso. Empezarás a notar que las ganas disminuyen poco a poco a medida que avanzas. Hacer esto repetidamente te ayudará a romper esa conexión entre el impulso y tú.

Alternativas a considerar

Aunque montar la ola del impulso es una forma para poder manejarlo, también debes considerar otras alternativas para que pase. Por ejemplo, puedes hablar con un amigo o un miembro de la familia por un tiempo. O puedes ver algo educativo en YouTube. Haz algo que te ayude a olvidarte de las ganas y a concentrarte en otra cosa.

Cuanto más fácil sea hacer esto, mejor podrás manejar cualquier urgencia, sin importar lo repentina que parezca. Puedes realizar estas tareas entre las sesiones de meditación si lo deseas. De vez en cuando, deberías comprobar si el impulso todavía existe.

El surf de urgencia es la forma perfecta para que puedas controlar tus impulsos. Puedes literalmente absorber el poder de tus impulsos y vencerlos con facilidad una vez que le hayas cogido el truco.

TOMA UNA DECISIÓN, YA SEA FÁCIL O DIFÍCIL

Nos enfrentamos a innumerables decisiones cada día. La mayoría de ellas suelen ser fáciles. Algunas de ellas pueden ser difíciles. Pero al final, eres tú quien determina si esa decisión es fácil o difícil. Puedes hacerlo fácil para ti o más difícil de lo que tiene que ser. Es cierto que hay algunas decisiones que tomas que serán difíciles debido a las ramificaciones que le siguen. Por ejemplo, un gerente puede enfrentarse a la tarea de despedir a un empleado debido a los recortes. La compañía está perdiendo dinero, y necesitará despedir a algún empleado, sólo para ahorrar dinero.

A veces, las decisiones difíciles pueden dar algunos resultados positivos, no importa cuán impopulares sean a los ojos de otras personas. En términos de crecimiento y disciplina, tomar las decisiones que odias es algo que probablemente deba suceder.

Cómo tomar mejores decisiones

Tener la capacidad de tomar mejores decisiones, incluso bajo presión, te dará una mayor ventaja en comparación con los demás. A continuación veremos los siguientes consejos para que puedas tomar mejores decisiones. Incluso las decisiones de gran presión pueden tomarse con el menor esfuerzo posible. Echemos un vistazo a estos consejos:

1. **Siempre sigue tu instinto:** Esta debería ser la regla número uno en el libro de reglas para la toma de decisiones de cualquiera. Estarías loco si fueras en contra de tu instinto. Si sigues tu instinto, estarás acertando el 99 por ciento de las veces. Tu instinto será capaz de decirte lo que está bien y lo que está mal, antes de que tu consciencia se dé cuenta. La toma de decisiones inconsciente puede salvar tu pellejo en las situaciones de mayor presión. Si tienes esa sensación "extraña" cuando te enfrentas a una decisión que puede

cambiar tu vida, entonces querrás abordarla. Ni siquiera te atrevas a ignorarla.

2. **No siempre tienes que preguntarle a todo el mundo:** es admirable pedirle a la gente su opinión sobre algo antes de tomar una decisión. Sin embargo, si se trata de una decisión de alta presión, tendrás más problemas cuando escuches dos opiniones diferentes. Una persona te dice que lo hagas y la otra te dice que no lo hagas. Y ahí es donde la presión se eleva a otro nivel. A veces, es mejor no buscar la opinión de los demás en ciertas ocasiones.

3. **Hazte las preguntas adecuadas:** ¿Cómo me beneficiará esta decisión a mí y a los demás? ¿Cuál será el resultado si tomo la decisión A? ¿Y la decisión B? Estas son preguntas que querrás hacerte a ti mismo. Es bueno sopesar cuidadosamente los pros y los contras de cada decisión. A veces, cualquiera de las dos decisiones significaría una pérdida. Es cuestión de ver cuál de las opciones dará un golpe menor, una vez que tomes la decisión en sí.

4. **Considera tus valores:** Es fácil tomar una decisión siempre y cuando esté alineada con tus valores. Sin embargo, puede haber decisiones en las que ninguna de ellas esté a la par con ellos. Es importante saber cuáles son tus valores fundamentales y cómo definen tu vida. Escribe una lista de tus valores más importantes. Asegúrate de que sea clara y fácil de entender. De esa manera, cuando necesites recurrir a ellos como referencia, tendrás una buena idea de en qué crees. Especialmente cuando se trata de tomar el tipo de decisiones correctas.

5. **Se consciente de los efectos:** Cada decisión tiene un efecto que alterará el curso de los acontecimientos futuros. Imagina que estás a punto de hacer una presentación a los inversores con el fin de obtener más capital para tu negocio. Pero hay un problema: tienes miedo de hablar en público. Si te echas atrás ahora por tus miedos, nunca conseguirás el capital que necesitas, y tu negocio sufrirá. Si sigues adelante y lo superas, podrás impresionarlos lo suficiente como para conseguir el dinero. Incluso si los inversores dicen que no, al menos te enfrentaste a tu miedo. Y entendiste el impacto de tomar la decisión correcta, incluso si significa hacer algo que temes. Porque siempre hay algo más grande que tu miedo. En este caso, era un futuro financiero más brillante para ti personalmente y para tu negocio.

6. **Visualiza el futuro con cada decisión:** No podemos enfatizar la visualización lo suficiente. Es importante imaginar en tu cabeza la escena que puede desarrollarse con cada decisión que tomes. Intenta atar la emoción de la misma, mientras estás en ello. Esto te ayudará a tomar una decisión que puede ser dolorosa. Además, si sientes que una determinada decisión no se siente tan mal en comparación con la otra, es entonces cuando sabes que podría ser la correcta, incluso si el resultado es bastante malo para ti y para los demás.

7. **Involucra ambos lados de tu cerebro:** Las emociones y la lógica deben ser tenidas en cuenta aquí. Involucrar un lado de tu cerebro no será suficiente. El objetivo aquí es

encontrar un equilibrio entre la emoción y la razón con las decisiones que tomes.

SECRETOS UTILIZADOS POR LOS NAVY SEAL Y LOS ATLETAS PROFESIONALES PARA DESARROLLAR UNA AUTODISCIPLINA INMEJORABLE QUE HARÁ QUE REALIZAR TAREAS "DIFÍCILES" SEA INCREÍBLEMENTE FÁCIL

Los SEAL de la Marina de los EE.UU. son una de las fuerzas de combate más peligrosas del mundo conocido. Han viajado por todo el mundo y participado en misiones donde cada decisión que toman es dura y compleja. Sin embargo, parecen hacer que parezca sin esfuerzo al decidir el mejor curso de acción, y actuar en consecuencia. Los atletas profesionales tienen una mentalidad similar que les ayuda a tomar decisiones difíciles, sin esfuerzo. Cuando todo está en juego y te enfrentas a una situación de alta presión, debes estar preparado para tomar decisiones rápidas que pueden resultar en ganar o perder el juego.

Necesitas disciplinarte y resistir el impulso de quebrarte bajo presión o rendirte. Querrás liberarte de la incapacidad de seguir adelante. Citando lo que Jocko Wilinik dijo anteriormente, "la disciplina es igual a la libertad". Y el mismo Wilinik era un SEAL de la Marina, así que lo sabe muy bien.

Echaremos un vistazo a algunos de los secretos que tanto los SEALs de la Marina como los atletas profesionales saben, sobre cómo hacer las tareas difíciles lo más fácil posible. Por supuesto, todo se reduce a la autodisciplina. Saben cosas que nosotros no sabemos (hasta ahora). Estos son sus secretos:

Empezar temprano

Dicen que el pájaro que madruga se lleva el gusano. Esas palabras no pueden ser dichas con más verdad. La tarea en cuestión debe hacerse en algún momento del día. No se puede cortar demasiado cerca antes de la fecha límite. Cuanto antes lo hagas, mejor. Sin mencionar que tendrás más libertad para hacer lo que quieras el resto del día. Empezar temprano te dará más libertad, siempre y cuando no lo pospongas y pierdas el tiempo.

Permanece en el momento

Este es un gran secreto. Cuando te quedas en el momento, nunca perderás de vista el premio. No mires atrás y nunca mires de lado. Te distraerás y te desviaras del camino. Cuando te concentras y lo mantienes así, te acercarás más a la meta, sin importarte cuánto tiempo haya pasado y demás.

Cuida bien de ti mismo

Parece bastante simple. Necesitas cuidarte, tanto mental como físicamente. Cuando lo hagas, los dos trabajarán juntos en perfecta armonía. Cuando haces algo que es un desafío físico, tu mente puede jugarte una mala pasada si no está completamente alineada. No serás capaz de manejar el dolor o soportar los desafíos que tardan mucho tiempo en completarse. La clave aquí es seguir empujando sin matarse o volverse loco.

Cuida tu cuerpo, no te rindas a los malos hábitos y vicios, y ciertamente te darás la tranquilidad de saber que puedes cumplir cualquier tarea que te propongas. Además, mantenerte en buena forma física puede mantener la mente despierta. No lo olvides.

Comprende la importancia de los detalles

Los SEAL de la Marina son conocidos por su aguda atención a los detalles. Todo tiene que parecer perfecto a su manera. Haz tu cama sin arrugas. Cualquier cosa que esté un poco torcida, tienes que volver a hacerla hasta que la hagas bien. Es importante que te concentres en los detalles. Incluso en los más pequeños. Esto no significa que tengas que ser un perfeccionista. Pero tienes que cubrir tantas bases como sea posible. Nada tiene que estar a medio hacer. Y una calidad inferior no es suficiente.

Concéntrate en una cosa a la vez

Cuando estés practicando, concéntrate en una cosa a la vez. Por ejemplo, si estás practicando para una presentación, puedes hacer una diapositiva a la vez. Di lo que necesitas decir. Hazlo repetidamente antes de continuar. Haz lo mismo repetidamente una y otra vez y afínalo si es necesario. No te sobrecargues. Concéntrate en una cosa y pasa a la siguiente. Hazla y repite.

Si estás rodeado de gente indisciplinada, haz lo contrario.

Mira a tu alrededor. Si ves a tu alrededor mucha gente indisciplinada, entonces haz exactamente lo contrario. Destácate sobre el resto de la "Manada". Pero cuando estás rodeado de gente disciplinada, es cuando deben trabajar juntos. Mucha gente decide ser indisciplinada. Pero tú no tienes que serlo. O nadas con la corriente o contra ella.

RECAPITULANDO

La motivación es algo que vendrá a ti, no es algo que tienes que encontrar. Incluso si tienes la motivación, sólo con ésta, no será suficiente. Querrás ser capaz de tener aspiraciones y dedicación para complementar la motivación. Estos son los bloques de construcción que crearán una potente mezcla de disciplina.

Cuando se trata de tu creatividad, la disciplina ni siquiera debería ser parte de la ecuación. Se creativo y disfruta de un tipo diferente de libertad sin someterte a las reglas. Ser creativo es el único momento en el que la disciplina no es necesaria.

Si estás lidiando con los impulsos, es importante montar la ola de impulsos en lugar de ser tragado entero por ella. Utiliza la técnica de atención que hemos descrito en el capítulo. Mientras lo haces, considera hacer otras cosas que desvíen mentalmente tus pensamientos en lugar de mantenerlos atascados en el impulso que estás tratando de evitar. No luches contra ello, móntalo en lugar de ceder.

Tomar decisiones difíciles debería implicarte poco esfuerzo. Sólo tú puedes decidir si la decisión es fácil de tomar o más difícil de lo necesario. Usa tus instintos, considera las potenciales ramificaciones de cada decisión, y elige una que aunque pueda tener efectos negativos, no suponga un golpe devastador para la moral.

Los secretos que usan los Navy SEALs y los atletas profesionales que hemos revelado pueden adaptarse a tu vida cuando te disciplines. Empieza temprano y por delante de la manada. Mantente en el momento y sigue adelante sin importar lo difícil que sea. Cuídate lo mejor posible. Presta mucha atención a los detalles y asegúrate de que las cosas se vean bien. Y siempre concéntrate en una cosa a la vez cuando practiques. Tómatelo con calma y no te sobrecargues con muchas cosas.

Desarrollar la disciplina lleva tiempo. Y se necesita una buena cantidad de fuerza y voluntad para superar los obstáculos que se interponen en el camino. Si aprendes a aceptar la succión, harás que cada "cosa difícil" sea mucho más fácil, incluso si es dolorosa de hacer.

8

FORTALECIMIENTO DE LA RESISTENCIA MENTAL

Ahora que tienes un plan de juego para desarrollar la disciplina, nos centraremos en cómo puedes fortalecer tu resistencia mental. En este capítulo, te daremos la guía definitiva sobre cómo construirla de principio a fin. Cuando se trata de disciplina, debe existir fortaleza mental para complementarla.

La resistencia mental es lo mismo que la resistencia física. En este contexto, se necesitará tiempo y consistencia para desarrollar la fuerza. Cuanto más tiempo dedicas al gimnasio, más fuerte te vuelves. Con fortaleza mental, podrás entrenarte para manejar las situaciones difíciles y de alta presión cuando otros elijan no hacerlo.

Te daremos algunas recetas, no tan secretas, sobre cómo desarrollar la fortaleza mental desde cero. Aprenderás qué ingredientes clave deberás incluir para desarrollar la mentalidad más fuerte y resistente que puedas construir. Puedes desarrollar fortaleza mental, pero no sin una hoja de ruta probada que te lleve del punto A al punto B. Este capítulo es exactamente eso.

Continuemos con tu viaje:

LA RECETA NO TAN SECRETA PARA LA FORTALEZA MENTAL

Lo que veremos a continuación es la receta, no tan secreta, para la fortaleza mental. Estos son los ingredientes para vivir una vida mentalmente fuerte. Siempre que practiques algunos de los siguientes rasgos que se enumeran a continuación, podrás mantener la fortaleza mental durante el resto de tus días. Ya sea que tengas 30 o 60 años, la fortaleza mental vivirá para siempre. Estos son algunos de los ingredientes que componen la fortaleza mental:

- 1 actitud libre de quejas
- 1 parte de Mindfulness
- 1 cantidad total de control
- Decenas de autoestima y atención plena
- 1 parte de talento
- 1 parte de Capacidad
- Sustituir los malos hábitos por hábitos buenos y fuertes
- Reemplazar "sí" por "no"
- Sustituye a las personas tóxicas por tu red de apoyo

Para obtener mejores resultados, mezcla estos ingredientes y cocínalos lentamente durante un período de tiempo no especificado. No te preocupes por cuánto tiempo te llevará esto. Cuanto más "cocines" estos ingredientes juntos, mejor resultará tu fortaleza mental y por lo tanto, durará mucho tiempo.

Echemos un vistazo en profundidad a por qué deben incluirse estos ingredientes.

NO TE QUEJES

Quejarse es un reflejo de una mala actitud. No hay otra forma de decirlo. Especialmente cuando te quejas de las cosas triviales. Alguien que es mentalmente débil se quejará a menudo de los más mínimos cambios. Siempre buscará cosas de las que quejarse en lugar de encontrar lo positivo.

Por no mencionar, que normalmente se quejan de las cosas que no pueden controlar. La realidad es que no hay nada que puedas hacer al respecto ya que está fuera de tu alcance.

SABER QUE TIENES EL CONTROL

Ya lo hemos dicho antes, y lo volveremos a decir. La clave para vivir con fortaleza mental es tener el control. Debes tener control sobre tu actitud, tu miedo, lo que dejas entrar y lo que dejas salir. Puedes ser capaz de controlar las cosas que te definirán personalmente. Incluso si sientes que no tienes control, es mejor actuar como si lo tuvieras.

LA ATENCIÓN PLENA ES LA CLAVE

Estar atento es uno de los componentes clave de la fortaleza mental. Puedes tomarte cinco minutos de tu día para meditar y recordarte a ti mismo que tienes el control de tus pensamientos. Puedes silenciar el ruido de tu mente cuando tomas el control de ella. Cuanto más consciente seas, mejor.

RESPÉTATE A TI MISMO

Los que se respetan a sí mismos suelen ser más fuertes mentalmente que los que no lo hacen. Cuando te respetas a ti mismo, tu auto discurso reflejará eso. Ninguna persona viva en el mundo puede tener un diálogo interno negativo y respetarse a sí misma al mismo tiempo. Cuando se trate de hablar contigo mismo, se positivo y usa las palabras correctas subconscientemente. A veces, lo debes decir repetidamente en forma de afirmaciones, para poder insertarlo en tu mente.

TEN CONFIANZA EN TI MISMO

La confianza es algo que debes tener para ser mentalmente fuerte. No puedes buscarla de fuentes externas (es decir, la opinión de alguien sobre ti). Para construir la confianza en ti mismo, te expones a situaciones en las que puedes ser capaz de afrontar el reto, realizar las tareas necesarias y completarlas. Cuanto más "puedo hacer" tengas, más confianza tendrás. Te pondrá en el camino correcto y pasarás de decir "no puedo" a "sí puedo".

APROVECHA TU TALENTO EXISTENTE

Tal vez tienes un talento existente que quieres aprovechar. Y eventualmente, quieres mejorarlo para mantenerte afilado. Cuando eres mentalmente fuerte, sabes que tienes suficiente talento para realizar la tarea apropiada. Pero no importa lo bueno que seas, normalmente siempre hay ponerlo en práctica, para hacerlo mejor. Piensa en ello como el programa Windows. Se actualiza con regularidad, incluso si es algo menor, como eliminar algunos errores.

SABES QUE TIENES LA HABILIDAD

Ya hemos hablado de tener el "puedo hacer" para realizar una tarea. Si sabes que tienes la habilidad, eso te da un impulso en la confianza. Incluso si no sabes cómo, date la oportunidad de aprender. Cuando aprendes, desarrollas una habilidad que puedes hacer en tu tiempo libre. Cuantas más habilidades tengas, más podrás decir "puedo hacer esto".

ACEPTAR UN "NO"

La mayoría de la gente tiende a ver el "no" como el diablo. Cuando en realidad, puede ser la palabra más poderosa para decir, cuando quieres disciplinarte. Claro, puede haber una emoción negativa cuando dices "no" a las cosas que disfrutas a favor de algo que te beneficiará a largo plazo. Pero al final, sentirás que has tomado la decisión correcta al decir no. Será mucho más fácil decir "no" a las cosas que no son importantes para ti.

DEBES ESTAR DISPUESTO A APRENDER DE TUS ERRORES

Todo el mundo comete errores. Nadie es perfecto. No hay otra manera de decirlo. Y cualquiera que diga lo contrario, te está mintiendo. Pero la verdadera pregunta es: ¿cómo manejarás tus errores? Los que son mentalmente duros, reconocen sus errores, aprenden de ellos y siguen adelante. Lo opuesto a esto es insistir en ellos, quejarse de ellos y desarrollar un miedo a actuar, porque tienen miedo de cometer errores una y otra vez. Los errores ocurren. Sólo hay que estar preparado para cometerlos, abrazarlos y diseccionarlos con el propósito de aprender de ellos.

Asume la responsabilidad de tus acciones, palabras, etc.

Es alucinante ver que mucha gente no se responsabiliza de sus acciones o de lo que dicen. Encuentran la salida fácil culpando a otras personas o cosas que están fuera de su control. Estos son signos de los individuos mentalmente débiles. Pero pueden ser exactamente lo contrario de esto. Cuando metes la pata, es importante abordarlo con la siguiente actitud: "¿Cómo puedo mejorarlo y qué se puede hacer para no volver a cometer el mismo error?"

ELIMINA LAS PERSONAS TÓXICAS DE TU VIDA

Si hay algo que te puede despistar de tu juego, son las personas tóxicas. Ellos vomitarán negatividad hacia ti. Podrían estar hablando mal o burlándose de alguien más (o incluso de ti). No tienes tiempo para eso. Tampoco permitirás que nadie te baje a su nivel. Sácalos de tu vida sin vergüenza. Si se trata de los llamados "amigos", sería fácil deshacerse de ellos. Pero si son miembros de tu familia, aléjate de ellos lo más posible.

DESTRUYE TUS MALOS HÁBITOS

Los malos hábitos controlan nuestra mentalidad para peor. Y es fácil para ellos permitir que nos controlen. No puedes destruir tus malos hábitos si no puedes tomar el control. Usa la técnica WOOP que aprendiste al principio del libro para romper los malos hábitos y reemplazarlos por otros nuevos. Desarrolla buenos y fuertes hábitos en su lugar. Mientras te mantengas motivado y seas consecuente con estos buenos hábitos, lo harás bien.

HECHO: ES FÁCIL DECIRLE A ALGUIEN QUE SEA POSITIVO, PERO ES DIFÍCIL APLICARLO A UNO MISMO

Por cualquier razón, puedes decirle a alguien que sea positivo. Sin embargo, no puedes hacerlo tú mismo, para vivir según tus propios consejos. Es como decirle a alguien que ahorre su dinero para poder hacerse millonario (pero en realidad, su situación económica no es la mejor). Te dicen que seas positivo, pero nunca te muestran cómo hacerlo. Aquí es donde mucha gente termina fallando. No tienen la hoja de ruta para adquirir esa mentalidad positiva.

Por supuesto, encontrarás exactamente eso en este libro (y también en esta misma sección). Lo que también obtendrás al pensar en positivo, son muchos beneficios tanto en el sentido mental como físico. Los que viven una vida positiva, tienen menos probabilidades de desarrollar ciertos problemas de salud más adelante en su vida.

SE PRUDENTE EN LA DISTRIBUCIÓN DE LA ENERGÍA

Distribuir la energía en tareas que son importantes será esencial. Especialmente cuando necesitas hacer varias tareas. Por lo tanto, no quieres centrarte en desperdiciar energía en las actividades que no importan. Por eso la postergación es un asesino del impulso (por no mencionar un drenador de energía). Claro, es tentador jugar a los videojuegos o darse un atracón viendo tus programas favoritos en Netflix. Sin embargo, cuando termines la final de la temporada, te será difícil empezar las tareas que se supone que debías haber terminado el día anterior.

Cuando el día comience, concéntrate en las tareas críticas. Cuando estén terminadas, revisa tu lista de tareas para ver qué más se puede hacer antes de la fecha de vencimiento. Otra cosa, asegúrate de delegar cualquier tarea que no requiera tu energía ya que tienes otras cosas en las que concentrarte.

LA VERDAD ACERCA DE LA FUERZA DE VOLUNTAD Y CÓMO APLICAR ESTE CONOCIMIENTO PARA TU BENEFICIO

Lo que necesitas saber sobre la fuerza de voluntad, es que es algo que estarás ejercitando durante gran parte de tu viaje. La disciplina y la fortaleza mental dependerán de la fuerza de voluntad en la mayoría de los casos. Si puedes resistir el impulso de no distraerte, sólo entonces serás capaz de aprovechar la verdadera fuerza de voluntad que está dentro de ti. Recuerda, muchos de nosotros tenemos fuerza de voluntad dentro de nosotros mismos. Pero la única diferencia es que hay dos tipos de personas: las que están dispuestas a aprovechar ese suministro de fuerza de voluntad y las que no son capaces de hacerlo (porque todavía no lo saben).

En un capítulo posterior, te mostraremos un ejemplo de fuerza de voluntad en lo que se conoce como gratificación retardada. Explicaremos exactamente qué es y cómo se vincula con la fuerza de voluntad.

PERFECCIONA TUS TALENTOS Y HABILIDADES

Tus talentos y habilidades pueden ser mejorados. Cuanto más los practiques para mejorarlos, más podrás utilizarlos para lograr las tareas que se te dan bien. Esto no sólo reforzará tu confianza en hacer las cosas de manera impecable, sino que te asegurará de tener la fortaleza mental para realizar tus habilidades y talentos al más alto nivel. Sabes que aunque haya poco margen para el error, podrás hacer el trabajo sin fallas.

Puedes mejorar tus habilidades y ser mejor. Puede que estés contento con tu nivel de habilidad actual, pero siempre habrá espacio para mejorar, sin importar lo que pase.

TU CONFIANZA EMPIEZA EN TU INTERIOR, NO EN LO QUE DIGA OTRA PERSONA

Cuando se trata de confianza, nadie puede producirla mejor que tú. No es necesario depender de fuentes externas. Lo que queremos decir es lo siguiente: es una completa pérdida de tiempo tratar de buscar la aprobación de otras personas. La opinión de los demás sobre ti, no debería definir tu nivel de confianza. Tus habilidades y talentos sí. Si puedes hacer el trabajo una vez, sabes que puedes hacerlo de nuevo. Tienes la confianza para realizar la misma tarea una y otra vez y producir grandes resultados en el proceso.

La gente hablará bien de ti y tendrá una opinión positiva de ti. Puedes aceptar eso con gracia. Pero si alguien te critica negativamente, puedes elegir entre ignorarlo o dejar que te desanime. Sería inteligente de tu parte ignorar a los detractores y seguir presionando como si nunca los hubieras escuchado.

UTILIZA LA FORTALEZA MENTAL PARA DESARROLLAR HÁBITOS SALUDABLES, POSITIVOS Y DURADEROS EN TODAS LAS ÁREAS DE LA VIDA

La fortaleza mental es necesaria cuando quieres concentrarte en todos los aspectos de tu vida. Ya sea con la aptitud física, tus habilidades y talentos, o siendo un mejor amigo o miembro de la familia, el uso de la fortaleza mental para mejorarte a ti mismo y construir buenos hábitos, será efectivo. Puedes crear hábitos que no sólo se centren en un área, sino que también puedan conectarse con otras áreas de tu vida. Con un estilo de vida saludable, gracias a los hábitos positivos, también puedes permitirte vivir más tiempo y por lo tanto darte más tiempo para pasar con tu familia. Esto por sí solo, también te ayudará a fortalecer tu vínculo con aquellas personas que son importantes en tu vida.

ACEPTA TUS IMPERFECCIONES

Ya sea que hayamos nacido con ellas o no, las imperfecciones son una bendición disfrazada. Algunas de estas imperfecciones son cosas que no podemos controlar. Y eso está bien. Lo mejor que puedes hacer, es ver el potencial positivo en lo negativo. En lugar de dejar que las imperfecciones saquen lo peor de ti, sigue intentando hacer lo mejor. Ahora bien, la gente puede hablar negativamente de tus imperfecciones y decir que no puedes hacer tales cosas debido a ellas. Pero todo esto son habladurías. Y sólo los mentalmente fuertes con imperfecciones, no permiten que esa negatividad les impida sacar lo mejor de ellos.

MÁS SECRETOS DE LOS NAVY SEALS Y DE LOS ATLETAS PROFESIONALES QUE DEBERÍAS PONER EN PRÁCTICA

Como prometí, vamos a echar un vistazo a más secretos de los SEALs de la Marina y los atletas profesionales que te ayudarán a ser más fuerte mentalmente. Antes, hemos discutido que la disciplina es igual a la libertad. Los SEALs de la Marina tienen un lema con el que viven a diario. El lema es "El día fácil fue ayer". Por supuesto, cada día puede ser más desafiante que el anterior. Por esta razón, puedes esperar que el día siguiente te presente retos aún más difíciles. Porque el día siguiente será mucho más difícil comparado con el anterior.

Otro secreto que queremos compartir, es algo que los SEALs de la Marina todavía usan hasta hoy. Esto se conoce como la "regla del 40 por ciento". La regla establece que cuando te sientas agotado después de haber hecho el 40 por ciento del trabajo, debes saber que te queda el 60 por ciento en el tanque. Incluso si estás agotado, está en ti terminar lo que empezaste. No puedes abandonar. Si alguna vez piensas en dejarlo, no lo hagas.

EXISTE UN ESTRÉS BUENO QUE DEBERÍAS USAR

¿Sabías que hay dos tipos de estrés ahí fuera? Hay un estrés bueno (eustrés) y un estrés malo (distrés). Por supuesto, necesitas usar el estrés bueno para tu ventaja. La razón es que te dará un impulso de energía para seguir adelante, incluso cuando la presión está en marcha. Aunque es a corto plazo, será exactamente lo que necesitas para acelerar la recta final. ¿Cuánto tiempo dura? Cualquiera puede adivinarlo. Pero mientras lo uses para hacer las tareas, nada puede detenerte.

El distrés, por otro lado, te hará descarrilar y te hará quebrar bajo presión. Este tipo de estrés puede ser a corto plazo, pero puede ser a largo plazo si sigues arrastrándolo.

9

MANTENGA LA CALMA Y CONTINÚA

L a mejor manera de aumentar la disciplina y la fortaleza mental es la capacidad de mantener la calma. Este capítulo estará dedicado a ayudarle a mantener una mente tranquila para que pueda alcanzar un nuevo nivel de atención que es esencial. Cuanto más calmado estés, más disciplinado serás. Tus niveles de calma también serán un barómetro de tu fortaleza mental en general.

Te mostraremos formas de relajarte, cómo puedes incorporar la meditación, y cómo ser más consciente de ti mismo en todo momento. Este es un capítulo que no deberías saltarte (y por una buena razón). Sin una mente tranquila, estarás estresado todo el tiempo. Y te permitirás aplicar más presión de la que necesitas. Aquellos que son indisciplinados y no son mentalmente fuertes se quebrarán en un momento dado.

Al final de este capítulo, tendrás algunos trucos bajo la manga sobre cómo mantener la calma y seguir adelante como dicen. Hacerlo te ayudará a conseguir tantas victorias personales como puedas. Vamos a sumergirnos y comenzar este capítulo hablando de la relajación.

RELÁJATE

Es importante saber cómo relajarse. Cuando te relajes, tu cuerpo no se sentirá tan tenso. Los órganos internos como el corazón y los pulmones no trabajarán demasiado porque no estarás bajo tanta tensión. La gente nos dice que nos relajemos como si supieran hacerlo. Tal vez lo hacen. Pero la realidad es que decirnos a nosotros mismos y a los demás que nos relajemos es bastante fácil. Lo que puede ser difícil para muchos es el hecho de hacerlo realmente.

Las técnicas de relajación son muy necesarias para muchos de nosotros que nos enfrentamos a situaciones estresantes de forma regular. Aprenderás algunas de ellas en esta sección y descubrirás por qué son importantes. Algunas de estas técnicas serán tus opciones de "salida". Si las sigues haciendo de manera consistente, podrás realizarlas como si fuera tu segunda naturaleza. Aquí están algunas de nuestras técnicas de relajación favoritas que recomendamos:

Escríbelo: Llevar un diario es altamente sugerido. Especialmente cuando quieres desarrollar disciplina y fortaleza mental. En este caso, quieres escribir lo que te está molestando. Toma tus pensamientos y problemas y ponlos en el papel (o en un documento de Word si eso es lo tuyo). Tómate unos minutos del día para escribir lo que te venga a la mente. ¿Qué es lo que te preocupa? ¿Qué puedes hacer para resolver el problema? Sólo tú y tus pensamientos. Nadie más que tú mismo lo verá.

Sólo respira: Más adelante en el capítulo, vamos a repasar algunos ejercicios de respiración. Tener estos a mano realmente te separará de la manada. Puedes tomarte un momento para encontrar un espacio tranquilo para que puedas realizar estas técnicas de respiración. Puedes estar en tu lugar de trabajo, en el baño, o en algún lugar tranquilo donde nadie pueda molestarte.

Haz una lista de agradecimiento: Escribe hasta cinco cosas por las que estés agradecido. Esto se puede hacer en un diario o en un cuaderno separado. Al escribir las cosas por las que estás agradecido, tu mente es atraída de vuelta a la Tierra. Te darás cuenta de que estás agradecido por lo que tienes. Además, te permite centrarte mentalmente en lo positivo en lugar de lo negativo.

Estira: Los estiramientos son una de las mejores maneras de mantener los músculos libres de cualquier tensión. Pueden ser estiramientos básicos. O puedes ir un paso más allá y hacer algo de yoga (de lo que hablaremos más adelante en el capítulo). La relajación es mayormente mental, pero también tiene algunos aspectos físicos. Recuerda que el estrés no sólo puede afectar a tu mente, sino también a tu cuerpo.

Sal de paseo: Puede ser un bonito día soleado afuera y también un poco caluroso. Suena como el día perfecto para dar un paseo y tomar un poco de aire fresco. Es uno de los ambientes perfectos donde puedes relajarte y disfrutar. Si vives en una zona fría durante el invierno, puedes dar paseos si te abrigas y puedes soportar las frías temperaturas (pero que sea breve).

La relajación te da muchos beneficios. Uno de los principales beneficios que buscamos es la capacidad de pensar con claridad y tomar mejores decisiones, sin que esto implique un alto nivel de emoción. Puedes ser capaz de resolver problemas con facilidad cuando puedes pensar con claridad. Podrás tener una visión de 10.000 pies de distancia de qué decisión será la mejor de las dos. Si son difíciles con algunos resultados negativos en cualquier extremo, te tomarás el tiempo para evaluar qué opción producirá la menor cantidad de "dolor".

Como se mencionó antes, tu salud física se beneficiará. Cuando estés relajado, podrás disfrutar de beneficios para la salud, como mantener tu presión arterial en niveles bajos. También reducirá el riesgo de ataques cardíacos y enfermedades autoinmunes. La relajación es buena para el cuerpo y la mente. No hay mejor manera de decirlo.

CONCENTRACIÓN

Saber cómo concentrarse (incluso cuando es "a demanda") puede ser difícil. Cuando necesitas realizar tareas que requieren toda tu atención, la concentración será difícil de conseguir. Por suerte, tenemos algunos trucos bajo la manga que te ayudarán a adquirir un nuevo nivel de concentración que tus amigos y colegas te envidiarán.

Cuando hayas mejorado tu nivel de concentración, te encontrarás fácilmente "en la zona" y podrás hacer las tareas. Perder el tiempo será lo último que se te ocurra hacer. En esta sección, te mostraremos consejos sobre cómo puedes mejorar tu concentración y enfoque. Además, te mostraremos algunos de nuestros ejercicios favoritos que te ayudarán a concentrarte, incluso en los días en que las cosas pueden ponerse muy agitadas.

Una vez que seas capaz de concentrarte y enfocarte con la ayuda de estos ejercicios, parecerás imparable. Y serás capaz de mantener el impulso, incluso en los días en que las tareas diarias se te hayan acumulado.

9 CONSEJOS PARA MEJORAR LA CONCENTRACIÓN Y EL ENFOQUE

Sin perder más tiempo, echemos un vistazo a los nueve consejos que debes tener en cuenta para mejorar la concentración y el enfoque:

1. Deshazte de las distracciones

Como si esto no se hubiera dicho suficientes veces. Las distracciones matan la concentración y el enfoque en un instante. En este punto, deberías tener una buena idea de cómo deshacerte de ellas. Si parece que experimentas un "deslizamiento de la mente" (no te preocupes, sucede), entonces vuelve al capítulo 3, donde se habla de las distracciones y de cómo minimizarlas.

2. Concéntrate en una cosa a la vez

Claro, las personas pueden jactarse de que son los mejores multitareas del mundo. Probablemente los envidiemos. Sin embargo, no es inteligente tratar de mantenerte al día con ellos. A veces, los que se jactan de ser grandes multitareas pueden meterse en líos aún mayores. Pero no tú. Tú puedes concentrarte en una cosa a la vez. Cuando te concentras en una sola tarea, la calidad y el rendimiento serán mucho mejores.

3. Haz un balance de tu concentración mental

Evaluar tu concentración mental no requiere mucho tiempo y esfuerzo. Pero serás capaz de saber la diferencia entre tenerla y no tenerla. Si pierdes la pista de lo que estás haciendo o te distraes fácilmente, está claro que tendrás que trabajar en ello. Si logras mantenerte alerta y tomar descansos cortos sin arrastrarlos por mucho tiempo, tu enfoque mental está justo donde debe estar.

4. Estar en el momento

Cuando estás realmente en el momento, te enfocas mejor. No te enfocas en el pasado o en el futuro. Te enfocas en el aquí y ahora. De hecho, considera las cosas del "pasado" y del "futuro" como distracciones glorificadas. No te preocupes por los "y si". No te concentres en los fracasos del pasado que te despistarán. Cuando no te fijas en esas cosas, no tienes más remedio que concentrarte en lo que tienes delante.

5. Tómate un pequeño descanso

A veces, te mereces un descanso de tus tareas. No quieres trabajar demasiado hasta el punto de que tu concentración se evapore. Si usas un temporizador o utilizas la técnica Pomodoro, establece un temporizador para el tiempo que quieras realizar tu tarea. Cuando el tiempo se agote, toma un breve descanso de 10 a 15 minutos. Una vez que te permitas recuperarte mentalmente, retoma donde lo dejaste. Además, resiste la necesidad de distraerte demasiado en tus descansos. Un descanso de 15 minutos puede extenderse a 30 minutos (que pueden llegar a ser una hora).

6. Haz actividades físicas ligeras

Relacionando este punto al número cinco, deberías usar tu tiempo de descanso como la oportunidad perfecta para hacer algunos ejercicios físicos ligeros. Esto puede ser una caminata rápida alrededor de la cuadra, o encontrar un lugar para hacer abdominales y flexiones. O tal vez hay un tramo de escaleras que puedes subir y bajar para mantenerte en forma. Puedes mantener tu cuerpo y tu mente en buena forma al mismo tiempo. Todo lo que se necesita es de 5 a 15 minutos.

7. Ejercita tu mente

¿Crees que el ejercicio físico es suficiente? Bueno, no sería justo dejar tu cerebro fuera de la lista ahora, ¿verdad? Ejercitar la mente y mantenerla fuerte definitivamente ayudará a la concentración y al enfoque. Puedes considerar hacer métodos probados y verdaderos como los crucigramas o juegos similares que encontrarás en los periódicos o folletos. Antes de que digas nada, esos juegos para el cerebro que ves en línea y en las aplicaciones para móviles pueden ser divertidos de jugar. Sin embargo, el jurado aún no ha decidido si son beneficiosos o no para mejorar tu concentración. Por lo tanto, intenta realizar los ejercicios cerebrales que no requieren mucha tecnología.

8. Di no al ML, NL

Ves ese ML; NL todo el tiempo en línea. "Muy Largo, No Leí" se ha convertido en la norma para la mayoría de la gente en estos días. Así que, la mayoría de la gente prefiere ir por el resumen ejecutivo de las cosas en lugar de leerlo en su totalidad. Pero aquellos que deciden leer, y estudiar largos escritos, tendrán más ventaja en términos de enfoque. Sin mencionar que ayudará a entrenar tu mente para absorber información como una esponja.

9. Siempre sigue practicando

Mejorar la concentración no es algo que se haga una sola vez. Lo haces una y otra vez. Por eso siempre es importante tener un plan. Tomar descansos regulares, reducir las distracciones, concentrarte en una cosa a la vez sin importar el tiempo que tome. La práctica hace la perfección. Y también te ayudará a estar más afinado y concentrado en comparación con la mayoría de la gente.

Estos nueve consejos serán útiles para asegurarte de que tu cerebro esté en el camino correcto en lo que respecta a la concentración y el enfoque. Ser capaz de lidiar con menos distracciones mientras te enfocas en una sola tarea, son sólo dos de las cosas que tienes que incorporar en tu vida si quieres hacer mejoras. Pero eso no significa que tengas que ignorar los otros consejos enumerados.

ESTATE ATENTO Y DESARROLLA LA CONCIENCIA

Últimamente se habla mucho de la atención plena o Mindfulness. Sin embargo, mucha gente parece no entender el mensaje. La atención plena es útil cuando se quiere desarrollar un nuevo nivel de autoconciencia. La autoconciencia es la habilidad de saber plenamente lo que estás haciendo. Y puede ser útil para atraparte a ti mismo cuando estás haciendo cosas que pueden ser consideradas como distracciones.

Vamos a ver las formas en que puedes desarrollar la atención plena todos los días. No sólo podrás detenerte un momento y recoger tus pensamientos antes de seguir adelante, sino que también podrás hacerlo "a demanda" cuando te parezca difícil conseguir concentrarte en algo. Aquí hay algunas cosas que querrás hacer:

Practica la atención plena en el momento en que te despiertas: Ser capaz de practicar la atención plena en el momento en que te despiertas es muy necesario. Puede ser una rápida meditación de cinco minutos antes de seguir adelante con el resto del día. Si por alguna razón te encuentras volviéndote a quedar dormido, puedes considerar tomar una taza de café o té con cafeína antes de hacer tu ejercicio de mindfulness.

Presta atención mientras haces cosas rutinarias: Por ridículo que parezca, prestar atención a cómo haces las cosas rutinarias te ayudará a abrir una parte de tu cerebro a la que no se sueles acceder debido a la función de "piloto automático" de nuestra mente. Concéntrate en la vista, el sonido, el gusto y el tacto de las actividades que normalmente realizas. La función de piloto automático embota estos sentidos. Pero si realmente te concentras en ellos, probablemente descubrirás algunas cosas interesantes sobre ellos.

Haz que tus sesiones de mindfulness sean cortas: Las sesiones de mindfulness cortas te ayudarán a mantener tu mente aguda y flexible. Puedes empezar haciendo un intervalo de cinco minutos. Trabaja hasta un máximo de 15 minutos. No vayas más allá de lo necesario. Cuando tienes sesiones cortas de mindfulness diarias, es mucho mejor que tomarte una semana de descanso para relajarte.

Practica la atención plena en algunas situaciones estresantes: Cuando las cosas se ponen estresantes, nuestros cerebros se ponen en marcha. Mientras que la mayoría se centrará en sacar sus frustraciones sobre algo o alguien, tú estarás un paso por delante de ellos. Si esperas al teléfono durante un largo período (esa música en espera puede ser molesta), puedes practicar ejercicios de atención plena mientras esperas. Lo mismo si estás atrapado en un atasco de tráfico. Hazlo corto y dulce (como te sugerimos en el consejo anterior) y mantente en el momento. Estos momentos estresantes pasarán, estés consciente de ello o no.

La meditación es tu amiga: La meditación es, con mucho, una de las mejores maneras de lograr la atención total. Afortunadamente, hablaremos más sobre ello en la próxima sección. Hacer esto diariamente te ayudará a establecer el tono a lo largo del día. Puede acabar con cualquier duda o conversación negativa que hayas tenido. Una vez que estés presente y seas capaz de mantener la calma, dirás las cosas de forma muy diferente. Así que en lugar de decir "este día va a ser un asco", puedes decir "este día será estresante, pero tengo lo necesario para manejarlo".

MEDITACIÓN

Ahora, llegamos a la parte divertida. Te será más difícil poder lograr una completa y total atención si no meditas. Antes de seguir adelante, la meditación no va a causar ningún tipo de "despersonalización" o algo parecido. Pero te sentirás como una persona completamente diferente una vez que le cojas el truco y experimentes algunos beneficios increíbles a corto y largo plazo.

Te mostraremos cómo meditar de la manera correcta, para que puedas hacerlo durante cinco minutos o incluso media hora. Además, ya que la meditación requiere concentración, querrás prestar mucha atención a estas instrucciones. De esta manera, sabrás exactamente qué hacer sin tener que depender de instrucciones escritas. Alternativamente, puedes grabar los siguientes pasos y hacer una meditación guiada.

Respiremos profundamente... y nos sumergiremos:

1. Ponte cómodo

Lo primero es lo primero, quieres asegurarte de que puedes estar cómodo. También querrás llegar a un punto en el que puedas sentarte quieto durante unos minutos seguidos. En este punto, lo único en lo que tendrás que concentrarte es en tu respiración. Inhala... y exhala.

2. Concéntrate en la respiración

En este punto, querrás concentrarte aún más en tu respiración. ¿Dónde la sientes más? A medida que inspiras y espiras (y continúa haciéndolo), observa si la sientes más en su vientre o a través de tu nariz.

3. Sigue la respiración

Para hacerlo, inspira por la nariz durante el mayor tiempo posible. Mientras lo haces, expande tu vientre. Puedes aguantar un par de segundos antes de exhalar lentamente. Asegúrate de que la salida del aire sea larga y lenta. Asegúrate de contraer el vientre mientras haces esto. Comienza haciendo esto por lo menos durante dos minutos y ve subiendo hasta periodos más largos cuando te sientas cómodo.

Y ahí lo tiene. Ahora ya sabes cómo meditar en tres pasos fáciles. Bastante bueno, ¿no? Cuando lo pruebes, la sentirás como una experiencia única. Puede que no te canses de ello. Sin embargo, deberías considerar hacer esto por un período de tiempo corto (incluso cuando se hace varias veces a lo largo del día).

RESPIRA

Lo creas o no, hay más de una forma de respirar. En esta sección, aprenderás algunos de los mejores consejos sobre las diferentes técnicas de respiración y cómo puedes hacer ciertos ejercicios, tanto si estás sentado como acostado. De cualquier manera, esto te ayudará a estar más en sintonía con tu cuerpo para que puedas prestar aún más atención a la forma en que respiras.

Ahora, vamos a hacer que te conviertas en un "experto" en respiración. Aunque la mayoría de las personas respiran con el piloto automático (porque es necesario), veamos cómo controlarlo para que esté más en sintonía con tu mente. Aquí vamos:

La técnica de respiración de los Navy SEAL para un máximo enfoque: Si hay algo más que podemos aprender de los Navy SEAL, es una técnica de respiración que les ayudará a concentrarse mientras están en misiones que desafían a la muerte. Lo primero que debes hacer es respirar lentamente mientras expandes tu abdomen. En la parte superior, mantén la respiración durante cuatro segundos. Exhala y contrae tu vientre durante cuatro segundos. Luego mantén el aire en la parte inferior, por otros cuatro segundos y repite el proceso.

Usa tu diafragma para respirar: ¿Recuerdas cuando dijimos que deberías inspirar y expandir tu abdomen? Bueno, sigue haciendo eso. Porque acabas de aprender a respirar con el diafragma. Esto no sólo facilita la respiración, sino que también hace que sea más fácil para tus pulmones ayudarte a respirar. También fortalecerás el diafragma en el proceso. Además, es posible que notes que tu voz se vuelve más profunda o más poderosa. Eso por sí solo, puede hacer que seas considerado como una persona con autoridad. Sólo asegúrate de tener la disciplina y la fortaleza mental para complementarlo.

Haz ejercicios de respiración regularmente: Pronto veremos dos ejercicios de respiración. Lo que tendrás que hacer es realizar uno de estos, de cinco a diez minutos por día. Es importante que te concentres en tu respiración y aprendas a respirar por el diafragma en lugar de hacerlo por el pecho.

EJERCICIOS DE RESPIRACIÓN PARA PRACTICAR

Intentaremos dos ejercicios de respiración diferentes: uno mientras estás sentado y el otro mientras está acostado. Puedes empezar con cualquiera de estos. Si eres un principiante total, intenta hacerlo durante al menos cinco minutos. Puedes trabajar hasta diez minutos si te sientes más cómodo para hacer ajustes.

Empecemos con el ejercicio de respiración sentado:

Ejercicio de respiración mientras estás sentado

- Siéntate en una posición cómoda. Asegúrate de que tus rodillas estén dobladas.

- Asegúrate de estar completamente relajado. Esto incluye la cabeza, el cuello y los hombros.
- A continuación, coloca una de tus manos sobre tu pecho. La otra mano deberá ser colocada debajo de tu caja torácica. Esto te permitirá sentir el movimiento del diafragma mientras respiras.
- Mientras inhalas lentamente por la nariz, asegúrate de que tu estómago esté presionado contra tu mano. Mientras lo haces, asegúrate de que tu mano en el pecho permanezca quieta.
- Exhala por la boca (con los labios fruncidos). Asegúrate de que su mano en el pecho permanezca quieta.
- Repite el proceso durante cinco o diez minutos.

Ejercicio de respiración mientras se estás acostado

- Acuéstate sobre tu espalda con las rodillas dobladas. Para asegurar un mejor soporte para tus piernas, coloca una o dos almohadas debajo de tus rodillas.
- La colocación de las manos es la misma. Una sobre tu pecho y la otra sobre tu vientre, debajo de tu caja torácica.
- Inspira por la nariz mientras tu estómago presiona contra tu mano. La mano en el pecho debe permanecer quieta.
- Exhala por la boca (con los labios fruncidos). Mantén tu mano en el pecho quieta.
- Repite el proceso de cinco a diez minutos.

Al comenzar, prueba ambos ejercicios para determinar cuál de los dos es el más cómodo. La técnica de acostarte podría ser un poco más difícil. Prueba cada versión una vez y decide cuál de las dos te funciona mejor. Como probablemente lo hayas notado, la técnica es básicamente la misma.

El objetivo principal de estos ejercicios de respiración es asegurarte de que estás respirando con el diafragma en lugar de con el pecho. Si la mano en el pecho se mueve mientras estás respirando, no estás respirando a través del diafragma. Se necesita un poco de concentración y práctica para lograrlo. Y por eso es que requerimos que practiques esto unas cuantas veces a la semana.

Incluso después de que puedas hacer esto con poco o ningún esfuerzo, nunca está de más seguir haciéndolo, sólo para mantener tu respiración bajo control. Especialmente cuando estás meditando y manteniendo tu atención plena.

PIENSA Y HAZ ZEN

El enfoque de hacer Zen, se define como centrar la atención en la tarea que se está llevando a cabo (que es básicamente lo que pretendemos hacer). Lo creas o no, el Zen es una disciplina. No tienes que ser religioso o comprometerte con el budismo para conocer y usar el Zen a tu favor. La meditación Zen es otra oportunidad para afinar tu mente para mejorarla.

Pero puedes aprender de la disciplina Zen, para lograr una total atención. Puedes meditar regularmente. Concéntrate en tu respiración mientras limpias tu mente. Como se mencionó antes, el Zen es todo acerca de la disciplina. Se trata de contenerte y concéntrate en algo que posiblemente te despiste mental y físicamente.

La filosofía Zen te enseña a estar consciente y en el momento. Y cuando eres capaz de saber que estás en el momento, el pasado y el futuro no parecen importar. Serás capaz de concentrarte en la tarea que tienes entre manos sin preocuparte por tus fracasos pasados o por los futuros.

APRENDE YOGA

El yoga es uno de los mejores destructores de estrés que hay. No sólo ayudará a mejorar tu cuerpo físicamente, sino que también es una de las mejores maneras de mantener tu mente aguda para que seas disciplinado y mentalmente fuerte. Mientras que existen varias escuelas de yoga, el concepto es prácticamente el mismo.

Puedes aprender yoga simplemente buscando en Internet guías y vídeos sobre cómo realizar posturas básicas de yoga. Además, si hay un estudio de yoga en tu zona, asegúrate de ver si hay algunas clases regulares que se aproximan. Una clase de yoga básico puede ayudarte a mejorar tu cuerpo y tu mente.

POSTURAS PARA PRINCIPIANTES QUE PUEDES PROBAR

Si eres un completo principiante en el yoga, te mostraremos algunas poses que puedes probar en casa. Son fáciles de hacer, y no te harán girar y atarte como un pretzel. Puedes hacerlas en cualquier lugar siempre y cuando tengas suficiente espacio y un lugar donde nadie pueda molestarte. Alternativamente, puedes hacer que algunas personas hagan un poco de yoga rápido contigo para que ellos también puedan vencer el estrés que se les presenta durante el día.

Vayamos directamente a la lista:

1. Postura de la montaña

La postura de la montaña es la postura básica del yoga. Es tan simple que cualquiera puede hacerla. Lo que necesitas hacer es pararte derecho con los pies juntos. Los brazos deben estar a los lados. Así que, en otras palabras, básicamente estás de pie.

Sin embargo, aún no hemos terminado. A continuación, debes apretar tus cuádriceps, para que tus rótulas se levanten. También querrás atraer los músculos abdominales mientras levantas el pecho y presionas los hombros hacia abajo. Además, intenta colocar los omóplatos lo más juntos posible. Asegúrate de que las palmas de las manos están mirando hacia adentro y levanta la cabeza hacia arriba, como si la tiraran con un hilo. Mantén esta postura durante cinco respiraciones (trabaja hasta ocho respiraciones cuando te sientas más cómodo).

2. Tablón

El tablón es la postura de yoga perfecta siempre que quieras trabajar en tu equilibrio. Aunque es una postura simple, es un poco difícil físicamente. Para hacer esto, ponte en cuatro patas sobre tus manos y tus rodillas. Coloca los pies hacia atrás con los dedos de los pies hacia adentro de manera que los hombros se alineen con los pliegues de las muñecas. Abre bien los dedos de las manos, como si estuvieras listo para hacer una flexión. Estira de los abdominales inferiores y aleja los hombros lo más posible de las orejas. Baja ligeramente el mentón y mantén la zona cervical alineada con el cuerpo. Presiona el ombligo contra la columna y con energía estírate presionando con los talones, estira las costillas y mantén la postura durante cinco respiraciones.

3. Árbol

Este requiere un poco más de equilibrio. Pero a diferencia del Tablón, estarás en una posición de pie. Sin embargo, este es el desafío: tendrás que pararte en un solo pie. No importa cuál. Levanta un pie y crúzalo sobre la pierna como si estuvieras haciendo un "4". Permanece de pie en esa posición durante cinco respiraciones.

4. Postura del niño

Esta última postura, funcionará a la perfección siempre que necesites deshacerte de la tensión y el estrés. Lo que tendrás que hacer es ponerte de rodillas sentado en tus talones e inclinar tu espalda hacia adelante hasta tocar el suelo con nuestra frente, que quedará apoyada en el mismo, o puedes apoyarla en una almohada, si quieres. Las rodillas deben quedar bajo el pecho y el estómago. Luego estira los brazos hacia adelante. Mantén la postura todo el tiempo que quieras.

Estas son sólo una muestra de las muchas posturas que existen en el yoga. Pero estas cuatro son las básicas que puedes probar ahora mismo si quieres. Además, debes usar una esterilla de yoga siempre que quieras probar estas poses. De esta manera, no tendrás que depender de un suelo que puede ser sucio o desagradable.

RECAPITULANDO

Ser capaz de mantener la calma y la relajación es parte de ser disciplinado y mentalmente fuerte. Especialmente cuando se quiere alcanzar un alto nivel de atención. La atención plena no es sólo la meditación. Puede ser enfocarse en cosas rutinarias y pasar del piloto automático, para sentir las sensaciones tenemos por ejemplo al cepillarnos los dientes.

La meditación es importante y debes hacerla por lo menos unos minutos al día. No sólo te permitirá eliminar el estrés y la tensión que puedas tener, sino que te ayudará a pasar el día incluso cuando las cosas se pongan difíciles. Además, no estaría de más hacer algunos ejercicios de respiración para que puedas respirar mejor y haciéndolo a través del diafragma y no del pecho como estamos acostumbrados a hacerlo.

Es importante aprender algún tipo de disciplina, de la misma manera que lo hacen los que practican el Zen. Puedes hacer esto sin ser espiritual o convertirte a la religión budista. La filosofía Zen tiene un montón de ejemplos que te ayudarán en el camino hacia la atención plena.

Finalmente, toma un poco de tiempo de tu día para hacer algunas posturas regulares de yoga. No tienen por qué ser complicadas. Lo básico estará bien incluso cuando estés empezando. Es posible llegar a ser más consciente de lo que eres ahora. Tener este poder te separará de muchos otros a tu alrededor. La atención plena, lleva a una mente clara, a una mejor toma de decisiones, y a manejar casi cualquier situación estresante de manera exitosa.

10

ROMPE LAS VIEJAS RUTINAS Y CREA HÁBITOS EFECTIVOS

Si quieres vivir una vida más disciplinada, trata de adoptar hábitos efectivos. Este capítulo será la última hoja de ruta para romper los malos hábitos mientras se inculcan los buenos en el proceso. Es cierto lo que dicen: un mal hábito es fácil de crear pero muy difícil de romper. Con los buenos hábitos, es al revés para la mayoría.

Cuando las cosas se ponen difíciles y las cosas se ponen estresantes, ¿qué malos hábitos son los que te "reconfortan"? ¿Fumas? ¿Comes? ¿Cuál es tu respuesta automática al estrés? O mejor aún, ¿cuál es el factor desencadenante que te llevará a responder automáticamente a la realización de una mala rutina que deseas romper?

Aprenderás a formar estos buenos hábitos como si fuera fácil de hacer. Quienes adoptan buenos hábitos, suelen ser más disciplinados y fuertes mentalmente. Porque su actitud "puedo hacerlo" les ayudará a ir del punto A al punto B sin importar el tiempo que les tome. El debate sobre cuánto tiempo puede tardar un hábito en formarse es todavía discutible. Pero mientras mantengas el rumbo y formes buenos hábitos (mientras veas tus viejas rutinas desaparecer en el espejo retrovisor), estarás muy bien.

Ahora, digamos finalmente adiós a esos viejos hábitos que representan una falta de disciplina y fortaleza mental:

LA LUCHA POR MANTENER HÁBITOS VALIOSOS

¿Por qué es tan difícil formar un buen hábito? Esa es la pregunta del millón de dólares. Podemos o no tener finalmente la respuesta a esta pregunta que ha confundido a muchos a lo largo de los años. Una de las principales razones por las que un buen hábito es tan difícil de formar, es porque no es tan "atractivo" como un mal hábito. Atracción no es una palabra que se relaciona con la búsqueda de la otra persona. Cualquier hábito que se considere "atractivo" es algo que probablemente se pegará a una persona por un período de tiempo más largo. Por no mencionar que la "recompensa" de ejercer ese hábito también justificará aún más la decisión de hacerlo una vez (y luego hacerlo repetidamente cuando surja la necesidad).

Cuando existe poca atracción por un hábito (como algunos buenos hábitos), entonces lo más probable es que ese hábito no vaya a ser muy duradero. De hecho, podría tener un 1% de probabilidades de sobrevivir. Sin embargo, hay formas de expandir esa región de atracción por los buenos hábitos. Eso es realizar el hábito una y otra vez hasta que se convierta en algo rutinario.

Sin embargo, hay una cosa que hay que señalar: alguien que adopta un buen hábito, espera hacerlo bien en el primer intento. Si esto lo fastidia, levanta las manos y dicen "lo que sea, valió la pena intentarlo". Sin embargo, ser coherente con un hábito hasta un punto en el que se vuelve más atractivo hacerlo, debido a las recompensas a corto y largo plazo, es lo que estamos buscando aquí.

Por ejemplo, echemos un vistazo al hábito de ejercitarnos y entrenar. Sabes que el objetivo es perder peso. Pero quieres mantenerlo tan simple como sea posible. Así que, compras unas mancuernas, aprendes algunos ejercicios, y los haces durante unos 20 minutos al día. Te sentirás genial, tendrás más energía y querrás hacerlo la próxima vez. No hay necesidad de preocuparse por trasladarte a ningún lado o de esperar a que alguien deje la estación de levantamiento de pesas en el gimnasio. Si las condiciones son las adecuadas, puedes formar un buen hábito con poco o ningún esfuerzo.

¿Por qué crees que elegimos las mancuernas en este ejemplo en lugar de decir pesos regulares? Con las mancuernas, solo las levantas y empiezas a levantar. Con las pesas normales, tienes que caminar hasta el portaplatos, añadir las pesas a la barra, levantar, y así sucesivamente. Eso puede parecer un poco complicado para alguien, especialmente si no tiene tiempo ni el espacio.

Además, una desviación de las condiciones iniciales también te desviará del camino. Y eso puede dificultar tus planes de desarrollar un buen hábito. Si ves que los rendimientos disminuyen, podrías rendirte o bajar su intensidad y luego dejarlo de lado. Puedes pasar de unas mancuernas pesadas a unas más livianas o dejar de levantar por completo. ¿Cuál parece ser la mejor opción para ti en esta situación?

Otra clave para formar un hábito es la repetición. Haces lo mismo una y otra vez. Por muy tedioso que sea, sigues haciéndolo. La recompensa de poder hacer lo mismo sin falta, te ayudará a formar ese buen hábito. Claro, habrá desafíos y obstáculos. Así que, mentalmente debes esperar que ocurran. Al mismo tiempo, es importante mantenerte enfocado y recordar siempre la recompensa.

¡NO TE PRECIPITES! PUEDES TOMAR EL CAMINO LENTO PERO SEGURO

¿Recuerdas la legendaria historia de "La Tortuga y la Liebre"? Si la recuerdas, sabes que siendo "lento y constante" puedes ganar la carrera. Claro, la liebre era rápida y tenía una excelente ventaja de velocidad sobre la tortuga. Sin embargo, la complacencia de la liebre es una de las razones por las que perdió. Mientras tanto, la tortuga se tomó su tiempo y siguió adelante.

El punto es que cuando se forma un nuevo hábito, realmente no importa cuánto tiempo tome. Pero una cosa es segura, una vez que se forma un buen hábito no se quiere ser complaciente y olvidarse de él. Además, tampoco quieres apresurarte a formar un buen hábito. Porque la calidad del hábito en sí, será pobre y no durará mucho (y volverás a caer en los viejos y malos hábitos).

Piensa en construir un nuevo hábito como si estuvieras construyendo un nuevo rascacielos. Es un edificio que cambiará el horizonte de la ciudad durante mucho tiempo. Estás compitiendo contra un constructor rival que quiere construir una torre diseñada para ser más grande y mejor. Tu rival dijo que puede hacerlo más rápido que tú (y puede que no tengas oportunidad de vencerlo). Pero tú construyes la tuya de todos modos, ladrillo por ladrillo.

Construyes la torre de forma lenta pero segura, porque las pequeñas cosas se van sumando con el tiempo. El edificio será más alto. Y será más estable a medida que avance. Miras los pequeños detalles y haces algunos cambios cuando es necesario. Cuando el edificio esté terminado, se mantendrá fuerte y se verá majestuoso. Puede que te haya llevado un año hacerlo (lo cual puede no ser el caso para la mayoría de los hábitos), pero lo importante fue que te tomaste tu tiempo y lograste construirlo.

Mientras tanto, tu rival terminó su torre en seis meses. Dijo que lo haría más rápido que tú. Sí, es más grande que la tuya. Pero no es mejor en términos de integridad estructural. Cuando un viento ligero comenzó a soplar, su torre comenzó a desmoronarse y a colapsar. Obviamente, precipitarse en algo, hará que pases por alto algunos de los detalles más pequeños posibles que son críticos para formar un hábito.

La moraleja de esta historia es que al realizar las tareas más pequeñas de a poco, es menos probable que te resistas a la idea de hacerlo una y otra vez. Y esa es la clave para crear un buen hábito. Donde muchos fallan en construir un buen hábito simplemente se reduce a querer obtener los resultados rápidamente y con prisa. Sin embargo, cuando ven que no es así, lo llaman inútil y se rinden. Necesitan aceptar el hecho de que se necesitan pequeños pasos o pequeños bloques para construir un buen hábito. Y no importa cuánto tiempo tome, llegarán allí mientras sigan haciéndolo.

DIEZ ESTRATEGIAS SIMPLES, PERO INCREÍBLEMENTE EFECTIVAS, PARA DESARROLLAR HÁBITOS POSITIVOS EN TODOS LOS ÁMBITOS DE LA VIDA (ES MUCHO MÁS FÁCIL DE LO QUE CREES)

A continuación te presentamos diez de las estrategias simples y efectivas para ayudarte a desarrollar hábitos positivos. Estas serán útiles para todo tipo de hábitos en todos los aspectos de tu vida. Adoptarlas hará que la formación de buenos hábitos sea mucho más fácil. La gente podrá envidiarte y algunos podrán incluso preguntarte "¿puedes enseñarme cómo?" De cualquier manera, es un buen sentimiento saber que estarás armado con un plan de batalla para formar buenos hábitos.

Echemos un vistazo al primero:

1. Empieza con algo pequeño

No se puede decir mejor que esto. Empezar de a poco es mucho mejor que "ir a lo grande o volver a casa". Se necesita un pequeño paso para empezar. Se necesita otro pequeño paso para continuar. Recuerda, los pequeños pasos probablemente te llevarán a dar otros. No sientas que tienes que dar pasos gigantes para ir de un punto a otro.

2. Fíjate un pequeño objetivo

Establecer pequeños objetivos probablemente te pondrá en el camino de formar un mejor hábito. Al principio, debes comprometerte al menos 30 días para formar un buen hábito. Algunos dicen que puede ser todo lo que necesitas para formar un buen hábito para empezar.

Como hemos mencionado antes, el tiempo real es una cuestión de disputa. Un mes puede ser más fácil de mantener para la mayoría. Pero si esto es un poco difícil para ti, podrías salirte con la tuya si lo divides en un marco de tiempo más pequeño como 7 a 14 días. Después de ese marco de tiempo, reajusta el objetivo y hazlo de nuevo.

3. Ponte un recordatorio

Volviendo al último enunciado del número dos, es importante recordarte a ti mismo que tienes que reajustar el plazo que has establecido para formar un hábito. Así que, si te comprometes a treinta días, ponte un recordatorio. Cuando el recordatorio suene, sabrás que es hora de volver a comprometerte a otros treinta días y hacerlo de nuevo. Por muy tedioso que sea, la repetición es la clave para crear un buen hábito.

4. La consistencia es la clave

Una de las verdaderas piedras angulares de la construcción de un buen hábito es la consistencia. Si decides hacer ejercicio durante un lapso de 30 días, establece un tiempo exacto para empezar a hacerlo. 30 días de entrenamiento comenzando a las 6 de la mañana todos los días, será la receta perfecta para crear un hábito. Porque establecer una hora específica será una "señal" para que actúes casi en piloto automático. Hablando de eso... hablaremos más sobre "señales" en el siguiente punto de la lista.

5. Crea disparadores

Un disparador se define como un ritual que se realiza antes de actuar sobre un determinado hábito. Sin embargo, un disparador puede ser también un conjunto de condiciones que se dan, y esto provoca que la situación sea perfecta para realizar un hábito (bueno o malo). No importa lo ridículo que tenga que ser (como chasquear los dedos si necesitas un cigarrillo), un disparador, te ayudará a actuar sobre un hábito bueno o romper uno malo. Mientras lo mantengas, valdrás oro.

6. Encuentra un buen sustituto

Si estás rompiendo un mal hábito, entonces es importante encontrar algo bueno para reemplazarlo. Por ejemplo, si estás tomando un refresco pero quieres depender de la cafeína para pasar la mañana, considera reemplazarlo por café. Recuerda que debe tener en cuenta el tipo de valores que deseas conservar (o que te arriesgas a perder) cuando rompas un mal hábito y lo reemplaces por uno bueno. Si le das un alto valor a la cafeína, no te prives de ella cuando rompas ese mal hábito. Hay más que suficientes maneras de formar un buen hábito mientras mantienes tus valores intactos.

7. No te esfuerces por la perfección

Como se mencionó antes, mucha gente deja de crear buenos hábitos porque esperan hacerlo perfecto la primera vez. Acepta el hecho de que cometerás errores y tendrás algunos tropiezos que superar. Lo que importa es que sigas adelante y corrijas cualquier error en el camino.

8. Consigue un compañero de responsabilidad

A veces, confiar en la tecnología para recordarte que sigas adelante no será suficiente. Así que es importante encontrar a alguien en quien confíes, para que te ayude a ser responsable. Puede ser un padre, un hermano o tu mejor amigo. Cualquiera de estas personas que valoras y en las que confías, son las personas que quieres como compañero de responsabilidad. Puede ser alguien que quiera formar los mismos buenos hábitos que tú.

9. Elimina las tentaciones

¿Estás perdiendo peso pero hay mucha comida basura en tus armarios? Tíralos. ¿Estás gastando dinero en algo que no te está dando un buen retorno de la inversión? Cancélalo. Hay muchas tentaciones que puedes eliminar fácilmente. Hacerlo, te ayudará a mantenerte centrado en ese buen hábito sin tener que recaer en tus antiguos modos.

10. Conoce los beneficios

Saber cuáles son los beneficios en todo momento, te hará seguir adelante. También es importante visualizar lo que sucederá si te mantienes en ello (mientras haces lo mismo intentando imaginar que sucederá si decides no formar un buen hábito). ¿Dónde te verás dentro de seis meses a un año? ¿Te sentirás mejor sabiendo que tienes algunos buenos hábitos? ¿O será lo mismo de siempre?

ENCUENTRA "COMPORTAMIENTOS POSITIVOS" Y HÁBITOS QUE REALMENTE PUEDAS DISFRUTAR Y ESPERAR...

Buscar conductas y hábitos positivos, es lo que siempre hacen las personas disciplinadas y mentalmente fuertes. Para ellos, es tan fácil y sin esfuerzo como pedir su pizza favorita. Veremos algunos de los comportamientos y hábitos que la mayoría de las personas mentalmente fuertes y disciplinadas realizan muy bien. Y tú también lo harás cuando decidas adoptarlos.

Estos son algunos de los hábitos que verás en este tipo de personas (y lo que probablemente tú también harás):

Conocer la diferencia entre dejar ir y rendirte

Dejar ir no es lo mismo que rendirse. Aquí hay un ejemplo de eso. Digamos que tu objetivo final es tener una carrera próspera y exitosa. Decides que ser médico es el mejor curso de acción. Después de que hayas terminado tus estudios universitarios y te inscribas en la escuela de medicina, te das cuenta de que puede ser el momento de volver a pensar las cosas una vez más. Entonces un día, decides que tal vez ser médico no es lo que realmente quieres hacer.

Sin embargo, has tenido un profundo interés en la ley durante años. Te encanta hablar de ello y te obsesionas con los casos de la Corte Suprema de proporciones históricas. Así que decides abandonar la escuela de medicina en favor de la escuela de leyes. Este es un ejemplo de dejar algo, no de rendirse. Acabas de crear otra forma de llegar a tu objetivo final mientras dejas de lado la vieja forma.

Darse por vencido es básicamente dejar de lado la meta por completo. ¿Ves la diferencia?

Tener el control total

Es bastante simple, ¿verdad? Los que son mentalmente fuertes tienen el control, no importa cuán caótica sea la situación. No se centran en las cosas que están más allá de ellos mismos. Se concentran en las cosas que pueden controlar y se preocupan menos por las que no pueden.

Eliminar las cosas que no tienen impacto o valor

Otra vez, otra cosa simple de hacer. Si es una pérdida de tiempo o proporciona un retorno negativo en términos valor, deshazte de él. Esto incluye eliminar a las personas tóxicas, cancelar las suscripciones que son una pérdida de dinero, y eliminar las cosas en las que parece que ya no tienes tiempo para concentrarte.

Concéntrate en impresionarte a ti mismo

Esto puede sonar egoísta o arrogante. Pero centrarse en impresionarse a sí mismo es mucho mejor que tratar de impresionar a los demás (que es algo para lo que varios se esfuerzan). Además, ¿por qué deberías competir por la aprobación de los demás cuando puedes centrarte en algo que tú mismo aprobarás?

CADA VEZ MÁS GENTE ESTÁ USANDO ESTE SISTEMA DE AUTODISCIPLINA Y FORMACIÓN DE HÁBITOS

Por último, echaremos un vistazo a un sistema de formación de hábitos fácil de usar que te ayudará a ser más disciplinado y a ser capaz de formar un buen hábito sin importar lo que sea. Sin perder tiempo, vayamos al grano:

Identifica la rutina

Hay tres cosas en una rutina: la rutina, el detonante y la recompensa. Si es una mala rutina, tendrás que considerar qué es lo que te hace actuar en ella. Además, querrás identificar la recompensa cuando la rutina en sí se complete. Ten en cuenta que los efectos a largo plazo de las recompensas pueden no ser tan buenos como crees.

Identifica la el detonante

¿Cuál es ese detonante que te hace realizar esa rutina? Si tienes más de un detonante, escríbelos en un papel. ¿Es un cierto estado de ánimo lo que lo desencadena? ¿Es una condición ambiental específica (es decir, que estás solo en casa)? ¿Qué hora es? ¿Cuál es tu estado de ánimo actual? Hay varias condiciones y cosas por el estilo que conformarán ese detonante.

Cuando se trata de buenos hábitos, crea un detonante que te ayude a ejecutarlos. Si es un mal hábito, identifica cuál es el detonante y aíslalo. Sabrás exactamente cuáles son las causas de estos malos hábitos por el tiempo, el comportamiento y cosas por el estilo.

Conoce las recompensas

Si estás intentando perder peso, entonces sabes que es la recompensa de llevar un estilo de vida saludable. Pero va más allá de eso. A la gente le gusta ir un poco más profundo en su proceso de pensamiento. Un estilo de vida más saludable significa más tiempo con sus familias, vivir una larga vida sana, y la oportunidad de hacer las cosas que quieren hacer incluso en sus años dorados. Las recompensas son mucho más profundas de lo que piensas.

RECAPITULACIÓN

Romper viejos hábitos y formar otros nuevos puede ser finalmente mucho más fácil. No es necesario que des pasos gigantescos o esperes los resultados perfectos en el primer intento. La clave aquí es empezar de a poco y empezar despacio. No importa el tiempo. Nunca te apresures, ya que aumentarás la probabilidad de abandonar un buen hábito demasiado pronto.

Es importante seguir las estrategias simples y efectivas para crear un hábito. De esa manera, cuando haya un buen hábito que quieras adoptar, podrás hacerlo con facilidad. Además, querrás incorporar algunos hábitos que son usados por individuos mentalmente fuertes y disciplinados. Saber que tienes el control y que eres capaz de distinguir entre dejar ir y renunciar a determinados hábitos, te pondrá muy por encima de los demás a tu alrededor.

Por último, puedes elaborar una fórmula sencilla que te ayudará a formar un buen hábito (mientras eliminas uno malo) simplemente identificando la rutina y los detonantes de tus hábitos. Además, saber cuáles son las recompensas y mirar más allá de ellas, será un factor clave para decidir si el hábito es lo suficientemente bueno para adoptarlo o lo suficientemente malo para hacer cambios.

11

SUPERA LA PROCRASTINACIÓN Y HAZ AMISTADES CON EL TIEMPO

La procrastinación es uno de los peores hábitos que cualquier persona puede tener. Es fácil para nosotros dejar las cosas para más tarde en favor de las cosas que realmente disfrutamos. Sin embargo, en realidad, la postergación añadirá más presión sobre ti cuando el tiempo se te acorte. Cuanto más tienes que hacer cuando está tan cerca de la fecha límite, mayor es la presión. Y eso podría ser suficiente para hacer que te quiebres debido a la presión mental.

Este capítulo te mostrará cómo superar la procrastinación y ser capaz de tener al tiempo como tu mayor aliado en lugar de tu peor enemigo. La verdad es que el tiempo puede hacerte un favor si lo manejas bien. Aprenderás habilidades de manejo del tiempo que puedes adoptar desde hoy mismo. Cuando se trata de disciplina, manejar tu tiempo sabiamente es una de las habilidades indispensables que debes tener. Especialmente cuando no quieres desperdiciarlo.

Si eres una de las muchas personas que postergan las cosas y realmente quieres superar ese mal hábito, entonces este es un capítulo que no querrás saltarte. Hagámoslo ahora:

ES POSIBLE QUE SEA EL EFECTO "DUNNING-KRUGER" O TAL VEZ SÓLO ESTÁS SIENDO PEREZOSO

¿Qué es exactamente el efecto Dunning-Kruger? Para explicarlo de forma sencilla, es cuando las personas que se consideran incompetentes, no pueden reconocer lo incompetentes que son. Explicarlo correctamente puede tardar mucho tiempo, pero digamos que se reduce a que la gente tiende a sobrestimarse cuando se trata de sus habilidades. Podrías ser absolutamente pésimo en algo pero declararte el mejor del mundo (aunque tus acciones demuestren lo contrario).

Una de las cosas clave que podría ser la causa de este efecto es el ego. ¿Las tareas críticas que hay que hacer son demasiado buenas para ti? ¿Crees que no puedes molestarte por hacer esas cosas que hay que hacer? El efecto Dunning-Kruger podría desempeñar un papel importante en la procrastinación.

Cuando dicen "lo haré mañana", es una forma velada de decir "tengo mejores cosas que hacer que eso". Son muy conscientes de que una determinada tarea es importante. Pero el problema es que se niegan a reconocer su importancia. El efecto Dunning-Kruger y la procrastinación van de la mano hasta cierto punto. Procrastinar a propósito es un buen ejemplo.

La pereza y la procrastinación no son lo mismo. Pero se parecen por una razón: ambas tienen en común la falta de motivación. La principal diferencia entre alguien que es perezoso y alguien que procrastina es que este último tiene aspiraciones (que finalmente no se cumplen). La pereza es una inacción en la que no hay aspiraciones.

PRACTICAR LA GRATIFICACIÓN RETARDADA ES DIFÍCIL, PERO DEFINITIVAMENTE VALE LA PENA

La gratificación retardada es el acto de esperar para conseguir lo que se desea. Desde que se tiene uso de razón, ya se ha experimentado en cierta medida. Un ejemplo es la Navidad. Los regalos que están bajo el árbol no se pueden abrir hasta la mañana de Navidad. Estás emocionado por saber lo que vas a recibir, y quieres abrir tu regalo ahora en lugar de esperar más tarde.

Practicar la gratificación retardada puede ser difícil. Y puede ser una verdadera prueba de fuerza de voluntad. Pero la recompensa al final, como cuando por fin abres ese regalo de Navidad, es mucho más satisfactoria. La mayoría de las cosas merecen la pena. Practicar la gratificación retardada mejorará tu autocontrol a pasos agigantados. Al mismo tiempo, también te ayudará a alcanzar tus objetivos a largo plazo con mucha más facilidad y a un ritmo más rápido (sin precipitarte, eso sí).

¿Recuerdas la prueba del malvavisco de la que hablamos antes en nuestro capítulo sobre la fuerza de voluntad? Este es un excelente ejemplo de la gratificación retardada en el trabajo. Es mejor esperar a la recompensa (por muy dulce y tentadora que sea). Aunque la sensación de disfrutar de algo en el momento, puede ser lo suficientemente tentadora como para actuar rápidamente y sin pensarlo, todo se reduce a disciplinarte y contenerte.

Las cosas buenas llegan a los que esperan. Pero al mismo tiempo, esas cosas buenas también llegarán a quienes tengan el autocontrol y la paciencia de trabajar duro y mantener la vista en el premio. Si practicas esto, descubrirás que el tiempo, no es el malvado villano que algunos creen que es.

EL PODER DE SUPERAR LAS COMPULSIONES Y ALEJARTE DE LAS TENTACIONES

La compulsión y la tentación son como un monstruo de dos cabezas con el que muchos se encontrarán, pero que sólo unos pocos lo vencerán. ¿Eres tú uno de los pocos que lo harán? En primer lugar, definamos la compulsión y la tentación. La compulsión es un impulso irresistible de actuar de cierta manera, mientras que la tentación es el deseo de hacer algo, aunque no sea lo más inteligente. Cuando se juntan las dos, es cuando empieza el verdadero desastre.

Las actividades compulsivas como el juego, las compras por Internet o similares, pueden ser algo poco inteligente, incluso si se hacen en exceso. Si un jugador compulsivo no juega a sus juegos favoritos en línea o en un casino, se sentirá incómodo. Pero no sufrirán ningún síndrome de abstinencia físico grave ni nada parecido. Sin embargo, un jugador compulsivo se encontrará en una situación monetaria de la que será difícil salir.

Actuar según sus compulsiones te llevará, sin duda, por el camino de la mala salud o la poca estabilidad financiera. Esto se debe a que no tienes ningún tipo de control sobre ello. Cuando se presenta un disparador de estas compulsiones, esta es una clara señal para que te "vayas". Con la tentación, eres consciente de que la oportunidad de apostar o comer cuando estás estresado está ahí. Pero también eres consciente de que puedes elegir entre hacerlo o no hacerlo. Los que son compulsivos en sus acciones, no se toman ni un nanosegundo para pensar en ello. Esa es la mayor diferencia.

Ten en cuenta que cuando te apartas de las cosas que haces a nivel compulsivo; no te vas a enfermar. Nadie se ha muerto por privarse de los hábitos compulsivos. Pero esos mismos hábitos compulsivos pueden llevar a problemas de salud en los que tu vida podría verse acortada. No estamos tratando de asustarte, pero a veces la verdad sobre esos malos hábitos y comportamientos puede ser dura.

¿Cómo puedes controlar las compulsiones y las tentaciones? Te mostraremos cómo evitarlas antes de que las cosas se salgan de control. Esto es lo que debes hacer:

1. Reconoce tus comportamientos compulsivos

Lo primero que hay que hacer es reconocer cuál es tu comportamiento compulsivo. También es una buena idea saber por qué actúas así sin siquiera pensar. Esto te retará a identificar las señales y los desencadenantes. Descubrirás exactamente por qué actúas a partir de tus compulsiones. Por ejemplo, la ludopatía podría tener su origen en la idea de hacer una apuesta grande y arriesgada con la posibilidad de ganar a lo grande. El deseo de "hacerse rico rápidamente" y de hacer desaparecer tus problemas financieros existentes puede impulsar ese comportamiento compulsivo. Piensa en los sentimientos y los deseos que desencadenan estos comportamientos.

2. Sé consciente en la selección de situaciones

La selección de situaciones es algo a lo que nos enfrentamos todos los días. Especialmente en situaciones en las que tenemos hambre o sed. En cualquier caso, nos encontramos con muchas opciones. ¿Prefieres Burger King o Subway? ¿Coca o agua? Hazte a la idea. En este punto, eres consciente de lo que puedes elegir para satisfacer tu hambre o tu sed. Sin embargo, una opción puede no ser tan buena como la otra. Reconoce qué opción es mejor para ti en términos de beneficios a corto y largo plazo.

3. Practica el aislamiento de la situación

Supongamos que te encuentras en una situación en la que las tentaciones serán bastante elevadas. Si no puedes salir de la situación, lo mejor que puedes hacer es aislar la "tentación". Por ejemplo, si estás en una fiesta en la que sirven alcohol y bebes habitualmente (pero haces de conductor designado), aléjate lo máximo posible de la barra. Opta por opciones más alejadas de tus tentaciones. Aunque sea difícil de hacer, actuar de forma correcta, saliéndote de lo habitual es mucho más gratificante.

4. Conoce la diferencia entre diversión y compulsión

Una cosa es apostar por diversión. Otra es hacerlo compulsivamente. La principal diferencia es el autocontrol. Demasiado de lo que parece ser algo bueno siempre será malo. No hay otra forma de decirlo. Es importante distanciar las cosas divertidas de las situaciones estresantes y similares. La gente utiliza los comportamientos compulsivos para escapar de las situaciones estresantes o de la vida en general.

5. Encuentra una forma de distraerte de la tentación

Sabemos que en este libro hemos sido muy duros con las distracciones. Sin embargo, hay ocasiones en las que distraerse de algo, puede ser algo bueno. En este caso, estamos hablando de alejarse de una tentación. En otras palabras, encuentra algo que desvíe tu atención hacia esa cosa en lugar de hacia algo malo que estás tentado a hacer. Cuanto más te dediques a esta nueva distracción, más te alejarás de la tentación.

6. Encuentra personas afines que hayan conquistado la compulsión y la tentación

Nadie sabe cómo conquistar la compulsión y las tentaciones mejor que las personas que lo han hecho por sí mismas. Es importante que los busques y les pidas consejo. Estarán encantados de ayudarte a encontrar el camino para vencer las compulsiones y las tentaciones. Han pasado por ello y han salido airosos. Lo último que podrían hacer es negarse a ayudar a quienes están pasando por los mismos problemas que ellos han tenido en el pasado.

7. No luches, evade

Quien dijo que la mejor manera de ganar una pelea es no entrar nunca en ella, obviamente acertó. Esto es cierto en el caso de las compulsiones y las tentaciones. Querrás evitar la pelea y desescalarla en la medida de lo posible. Esto no dañará tu ego de ninguna manera.

Luchar contra tus compulsiones y tentaciones será una pérdida de tiempo. Pero puedes encontrar la manera de alejarte de ellas lo más lejos posible evadiéndolas.

ROMPE EL CICLO CONVIRTIENDO LO NEGATIVO EN POSITIVO

Ahora, vas a aprender cómo convertir tu pensamiento negativo en positivo. Hemos llegado a un punto en el que el pensamiento negativo es prácticamente una tarea inútil para alguien disciplinado y mentalmente fuerte. Tener la capacidad de pensar en positivo te ayudará a incorporar un nuevo conjunto de creencias. Si piensas repetidamente cosas buenas y positivas sobre ti mismo, lo más probable es que absorbas esas creencias positivas. Y se notará.

Dicho esto, echemos un vistazo a algunos consejos sobre cómo puedes ser más positivo en lugar de ser negativo:

Nunca te hagas la víctima y asume la responsabilidad: Hoy en día, nos resulta fácil hacernos las víctimas en lugar de asumir la responsabilidad de nuestros propios actos. Depende de ti crear tu propia vida. No esperes a una circunstancia concreta. Tienes la opción de pasar a la acción o quedarte al margen.

Di más cosas positivas que negativas: Es cierto que si dices cosas negativas o positivas, te conviertes en eso. Dilo una y otra vez y se incrustará en tu cerebro. Si tienes una actitud positiva y hablas el mismo lenguaje, poco a poco adoptarás una mentalidad positiva.

Acepta que nadie es perfecto (y tú tampoco): Cualquiera que diga que es "perfecto" en todos los sentidos es un mentiroso. Nadie lo es. Y tú tampoco lo eres. Cuando esperas ser perfecto pero no alcanzas tus propias expectativas, eso te desanimará a ser positivo. Hacer lo mejor que puedas es mucho mejor que no hacer nada.

Evalúa por qué estás agradecido: Tómate un momento y escribe cinco cosas por las que estás agradecido. Centrarse en esto te ayudará a incorporar pensamientos positivos en tu mente en lugar de los negativos.

Sé capaz de atraparte a ti mismo: Algunas personas piensan negativamente y dejan que esa negatividad fluya a través de ellos. Sin embargo, si estás haciendo el cambio entre lo negativo y lo positivo, sorpréndete pensando o diciendo cosas positivas. Por ejemplo, en lugar de decir "soy malísimo" puedes decir "no soy tan bueno, pero sé que puedo mejorar". Suena bastante sencillo, ¿verdad?

TU TIEMPO ES VALIOSO, NO LO DESPERDICIES

Sin duda, el tiempo es un activo valioso en nuestras vidas. Podemos invertirlo sabiamente o desperdiciarlo. Cuando se pierde el tiempo, se pierde para siempre. Nunca podrás recuperarlo. Pero cuando se utiliza en beneficio propio, el retorno de la inversión será aún mayor. Dicho esto, decir que "no tienes tiempo" no es una excusa válida. Es sólo una forma velada de decir "no tengo mis prioridades en orden".

Ten en cuenta que hay 24 horas en un solo día. Todo el mundo tiene la misma cantidad de tiempo al día. Lo más importante es cómo lo gastas. O mejor aún, es cuestión de cómo priorizas tu tiempo. Debes invertir tu tiempo en cosas que consideres prioritarias. La verdad es que el tiempo se le puede acabar a cualquiera en cualquier momento. La persona media vive aproximadamente hasta los 74 años. La gente puede vivir más o menos tiempo. Por eso nunca hay que subestimar el tiempo en lo más mínimo.

Por eso es importante decir "no" a las cosas que son una pérdida de tiempo. Es mejor invertir el tiempo en hacer las tareas críticas. Cuando lo haces, obtienes un gran retorno de la inversión que puedes gastar en lo que quieras (como pasar tiempo haciendo las cosas que más te gustan).

A menos que alguien invente una máquina del tiempo o convierta un DeLorean en una, nunca podremos retroceder el tiempo. Gástalo sabiamente o no lo hagas, la elección es tuya.

ESTRATEGIAS DE GESTIÓN DEL TIEMPO QUE CAMBIARÁN LA FORMA EN QUE VIVES TU VIDA

Ahora, vamos a echar un vistazo a algunas de las estrategias de gestión del tiempo que han sido probadas y se ha demostrado que funcionan. Gestionar tu tiempo de forma inteligente será clave a la hora de inculcarte autodisciplina. Cuando aprendas estas estrategias, algunas de ellas te llamarán la atención en más de un sentido. Incluso puedes utilizar una de ellas para ayudarte a invertir más de tu tiempo en las cosas importantes en lugar de en algo que te dará un rendimiento negativo.

Aquí están las estrategias de gestión del tiempo que quieres probar por ti mismo:

1. Planificar y priorizar

Como se ha mencionado anteriormente, la excusa de "no tener tiempo" se traduce en "no tener tus prioridades en orden". Debes poner al frente las tareas más críticas de tu día, cada día, antes de trabajar en otras tareas. De este modo, inviertes en las verdaderas prioridades que más importan. Esto puede llevar algún tiempo. Especialmente cuando estás aprendiendo a distinguir las verdaderas prioridades de las que no necesitan mucho enfoque en este momento.

2. Empezar el día con un enfoque claro

Cuando te levantas por la mañana, lo último que quieres es tener la mente en marcha con siete mil millones de cosas diferentes. Quieres levantarte con un enfoque claro sobre lo que hay que hacer hoy. Ya lo has planificado la noche anterior. Ahora, es el momento de actuar. Céntrate en una cosa y luego cambia a otra cuando la tarea esté hecha.

3. Eliminar la procrastinación

Obviamente, la procrastinación es el enemigo de la gestión del tiempo. Si vas a decir que vas a hacer algo, hazlo. Se alguien cuyas palabras sean como el hierro. Hazlo firme haciendo lo que dices que vas a hacer. Decir que vas a hacer algo, pero no hacerlo nunca, te hará quedar mal. Cuanto antes lo hagas, mejor.

4. No te preocupes por la multitarea

La multitarea puede en realidad hacer más daño que bien (en oposición a lo que todo el mundo dice). En pocas palabras, centrarte en una cosa a la vez e invertir tu tiempo en eso, definitivamente te pondrá una cabeza por encima de los hombros de aquellos que afirman ser los mejores multitarea del mundo.

5. Reconocer y minimizar las posibles interrupciones

Si eres consciente de algunas de las interrupciones que pueden desconcentrarte, identifícalas. A continuación, debes distanciarte de ellas en la medida de lo posible. Si lo que haces es revisar tu correo electrónico o las redes sociales mientras estás en medio de algo, trata de dejar de hacerlo y espera a que termines la tarea en la que estás trabajando.

6. Dividir los proyectos más grandes

Si tienes un proyecto grande, que no se puede hacer en un día, es mejor dividirlo en etapas pequeñas. Se pueden dividir en fracciones mínimas. Día a día, hora a hora, y así sucesivamente. Lo último que quieres hacer es asumir una tarea gigantesca y sin tomarte ningún descanso en el medio.

7. Delega las tareas en las que no puedas trabajar

¿Hay algo en lo que no puedas concentrarte? ¿Hay algo que no puedes hacer porque no sabes cómo? La respuesta es sencilla: delega. Cuando delegues tareas, aliviarás la presión que puedas tener sobre ti mismo. Dale la tarea a alguien que tenga los conocimientos suficientes para llevarla a cabo.

8. Descansar y recargar

Descansar y recargar las pilas para volver a hacerlo todo es esencial. Sin un buen descanso nocturno, no podrás concentrarte en las tareas del día siguiente. No te tomes toda la noche y sacrifiques el sueño porque tienes que hacer algo. Todo el mundo tiene sus límites... incluso tú.

RECAPITULANDO

La gestión del tiempo es fácil de hacer ahora que sabes cómo hacerlo. La procrastinación puede existir en forma de efecto Dunning-Kruger o de falta de capitalización de tus aspiraciones. La procrastinación no debe considerarse una forma de pereza, ya que los perezosos carecen de aspiraciones. Cuando alcances tus objetivos o completes las tareas que te recompensarán, sentirás una sensación de satisfacción inigualable. Pero cuando el tiempo es más largo de lo habitual, eso puede desencadenar una gratificación retardada. Sabes que la recompensa es satisfactoria, pero esperarás el tiempo suficiente para ganártela. La gratificación retardada es una verdadera prueba de disciplina y fuerza de voluntad que puedes superar con creces (ya lo hiciste de niño días antes de Navidad, eso sí).

Superar las compulsiones y las tentaciones requerirá que te aísles de ellas en lugar de luchar contra ellas. Identifica las razones por las que existen tus hábitos compulsivos y encuentra una manera de disminuir su poder, para no dejarte arrastrar tan fácilmente.

También es importante cambiar tu pensamiento negativo por uno positivo. Cuando pienses en positivo, se notará en tu mentalidad, tu lenguaje corporal, tus palabras, etc. Y recuerda que el tiempo es algo precioso que no puedes perder. Si pierdes un segundo, nunca lo recuperarás.

Por último, la gestión de tu tiempo dará enormes resultados si se hace bien. Si inviertes tu tiempo sabiamente, el rendimiento será mucho mayor. Y podrás dedicarlo a las cosas que más te gustan.

ESTÁ A TU ALCANCE, LITERALMENTE

Tener la disciplina y la fortaleza mental a tu alcance es algo que quieres adquirir. Para la mayoría, esto está más lejos de ellos con cada día que pasa. En este momento, la disciplina y la fortaleza mental están literalmente delante de ti. Es como una oportunidad que está esperando a ser aprovechada por la persona adecuada. Y la gente tiende a pasar de largo como si no se diera cuenta.

En este capítulo, vamos a hablar del efecto de progreso dotado. Explicaremos qué es y cómo se relaciona con la disciplina y la fortaleza mental. Cuando recibes una recompensa por tus esfuerzos y tu trabajo duro, es una buena sensación saber que has empezado en el punto A y has terminado en el punto B. ¿Pero qué pasaría si obtuvieras algo más que eso? ¿Cómo te sentirías si la recompensa fuera aún mayor de lo esperado? Hablemos de eso ahora mismo.

ENGAÑA A TU CEREBRO CON EL EFECTO DE PROGRESO DOTADO

El efecto de progreso dotado, se define sencillamente como la recepción de una bonificación, además de su recompensa original, por un trabajo bien hecho. Por ejemplo, digamos que tienes un trabajo de ventas y tu objetivo es vender a un ritmo del 20 por ciento. Consigues duplicar el porcentaje y tienes un índice de incremento de ventas del 40%. No sólo se te recompensa por tu pago normal, sino que también recibes una bonificación por superar tu objetivo.

Otro ejemplo de progreso dotado es un programa de recompensas. Digamos que tu cafetería local tiene una promoción en la que te compras cinco cafés y obtienes el sexto gratis. Tu fidelidad al negocio y el hecho de comprar el mismo artículo una y otra vez puede darte una recompensa. Inculca la recompensa que conlleva el hábito de acudir a la cafetería con frecuencia.

Al engañar a tu cerebro con el efecto de progreso dotado, buscas esforzarte para lograr tu objetivo y obtener una recompensa mucho mayor por completarlo. Esa "recompensa" extra, te motivará a realizar el trabajo aunque al final no ganes nada más que la recompensa original. Además, el efecto de progreso dotado hace que la gente piense que tiene una ventaja para completar las tareas en cuestión.

Dicho esto, es importante tener una ventaja para lograr el objetivo. Además, el uso de medidas abstractas para hacer un seguimiento de tu progreso, te ayudará a mantener el rumbo y a completar el objetivo en el que te estás centrando. Además, querrás centrarte en el tiempo que ya has invertido, en contraposición al tiempo que vas a invertir. Eso te dará la mentalidad de pensar "ya he invertido todo este tiempo, mejor que continúe". Además, céntrate en lo que queda por hacer en contraposición a lo que ya está hecho. La transparencia es la clave cuando se trata de hacer el trabajo.

PRACTICA LA DISCIPLINA Y LA PRODUCTIVIDAD USANDO UN DIARIO DE TAREAS

Si hay algo que deberías considerar hacer mientras estás en el camino de ser más disciplinado y productivo, es usar un diario de tareas. ¿Qué es exactamente un diario de tareas? Un diario de tareas se utiliza para hacer un seguimiento de todo lo que ocurre en tu vida, tanto en el aspecto personal como en el empresarial. Puedes anotar algo como una "lista de tareas" o una lista de planes semanales que puedes escribir y ejecutar. También puedes utilizarla para hacer un seguimiento de cosas como los ingresos y los gastos a lo largo de la semana. Es una lista de tareas, un planificador financiero y una pizarra, todo en uno. Y darle un buen uso puede ayudarte a ser más disciplinado y más productivo en tus tareas. Siempre que lo consultes y lo actualices con regularidad, seguro que te ayudará a largo plazo.

No hace falta que sea un diario de tareas muy creativo. Puede ser organizado y directo. De este modo, encontrarás tu lista de tareas de la semana o un elemento de la lista que puedas hacer al día siguiente en lugar de a los dos días. Los diarios de tareas son divertidos de llevar una vez que se les toma la mano.

SE INTELIGENTE AL USAR TU TELÉFONO INTELIGENTE

Seguro que hemos sido duros con el smartphone durante buena parte de este libro. Pero no queremos que lo abandones por completo. Hay formas de confiar en él. Sobre todo, de forma que te ayude a llevar un control de tus progresos y te recuerde que debes realizar ciertas tareas. Un smartphone puede ser útil en términos de educación. La mayoría de las personas recurren a sus teléfonos inteligentes para acceder a algo educativo, antes que a sus ordenadores.

No sólo eso, sino que también puedes utilizar una gran variedad de aplicaciones diseñadas para muchas cosas, como la gestión de tareas, el seguimiento de tus actividades diarias y semanales, etc.

Las ventajas y desventajas de usar un smartphone

¿Cuáles son exactamente las ventajas y desventajas de utilizar el smartphone? Aunque el uso de un smartphone tiene algunas cosas buenas, no podemos olvidarnos de las no tan buenas. A veces son útiles y otras pueden ser una distracción. Veamos de cerca cada una de las ventajas y desventajas:

Ventajas

- Puedes mantenerte en contacto con tus amigos y familiares a través de mensajes de texto, llamadas telefónicas y redes sociales
- Jugar a juegos, música y películas en cualquier lugar
- Poder establecer recordatorios para realizar diversas tareas

mediante apps específicas que puedes descargar en tu
teléfono

- Lo tienes encima en caso de emergencia
- Puedes consultar tu saldo bancario para saber si llevas dinero
  encima en cualquier momento gracias a las apps que te
  proporciona tu banco.

Desventajas

- Puede ser una distracción en momentos en los que necesitas
  concentrarte en una tarea prioritaria
- El aumento de su uso se ha relacionado con la soledad y otros
  problemas de salud mental
- Puede provocar falta de sueño debido a la luz azul que emite
  la pantalla
- Puede causar una falta de conciencia a su alrededor
  (especialmente en una situación de peligro).

Aunque el uso de tu smartphone puede ser ventajoso, puede haber
momentos en los que su uso no sea necesario. Puedes usarlo para
ayudarte a formar buenos hábitos (si lo usas adecuadamente). Se trata
de autocontrol y de ser capaz de conocer tus límites. Puedes utilizarlo
en tu tiempo libre, una vez que hayas completado las tareas y prioridades que hayas planificado para el día.

LOGRA LA EFICIENCIA CON APLICACIONES Y HERRAMIENTAS CONFIABLES

Ahora, hablaremos de algunas de las mejores aplicaciones y herramientas que creemos son esenciales para llevar un control de tus actividades mientras construyes disciplina y buenos hábitos. Se trata de aplicaciones que puedes descargar y acceder desde tu smartphone. A algunas de ellas también puedes acceder en tu ordenador de escritorio o portátil. En cualquier caso, tendrás a tu alcance la mayoría de estas aplicaciones.

Puedes utilizar estas aplicaciones de forma regular, para mantenerte concentrado y hacer un seguimiento de lo que has conseguido y lo que te queda por hacer. También te explicaremos por qué estas aplicaciones pueden ser beneficiosas para ti. Empecemos con la primera app de la lista:

1. Todoist

Si estás buscando la mejor aplicación para ayudar a mantener una lista de tareas bien organizada, no busques más que Todoist. Tanto si te registras por correo electrónico como si utilizas tu cuenta de Facebook o Google, tendrás que configurar tu lista de tareas que puedes hacer a lo largo del día o de la semana. Puedes añadir nuevas tareas o tacharlas de la lista con sólo un par de toques de tu dedo o utilizando el sonido de tu voz. De cualquier manera, hace que las listas de tareas sean muy eficientes.

Lo mejor de esta aplicación es que registra tus "puntos de karma". Por cada tarea que realices a tiempo, ganarás más puntos. Por cada tarea que se retrase o se termine más allá de la fecha de vencimiento, tu "karma" se verá afectado. Es el sistema de recompensas perfecto para una app de listas de tareas.

2. SimpleNote

¿Te gusta tomar notas? ¿Tienes una idea tan genial que tienes que escribirla antes de que se te olvide? Sea como sea, SimpleNote te ayudará a mantener todo ordenado en una pequeña y práctica aplicación. Si odias las aplicaciones para tomar notas que están cargadas de muchas funciones, esta aplicación te gustará. Después de todo, no quieres una aplicación que sea difícil de navegar y que tenga mucho desorden.

Lo mejor de todo es que su uso es gratuito y es compatible con Android e iOS

3. Habitica

Si te gusta jugar a juegos tipo RPG, entonces tenemos buenas noticias para ti. Habitica es la mejor aplicación de creación de hábitos, con características similares a las de un juego, que te ayudarán a crear buenos hábitos con facilidad. ¿Quieres dejar un mal hábito y cambiar a uno bueno? Configúralo y sube de nivel con cada pequeña tarea que realices. Al igual que Todoist, tiene un sistema de recompensas que funcionará a tu favor cada vez que logres algo antes de la fecha límite. También puede "castigarte" por las tareas que se atrasan o se completan tarde.

Otra cosa que nos gusta es la función de comunidad. Puedes conectarte con personas con ideas afines que están tratando de formar buenos hábitos y animarlas mientras están en camino de construir mejores hábitos. No hay mejor manera de formar mejores hábitos más rápido, que tener un sistema de apoyo sólido.

4. Google Tasks

Si eres un fan de las aplicaciones de Google, por suerte hay una aplicación de tareas para ti. Una de las cosas buenas de esta aplicación es que ella prioriza por ti. Si tienes tareas críticas que debes realizar a primera hora, la aplicación te ayudará a organizarlas para que las tareas con mayor prioridad estén en la parte superior de la lista.

Además, se sincronizará con tu cuenta de Gmail y también será accesible en otros dispositivos. Si tu cuenta de Google está vinculada a tus dispositivos, tendrás acceso a tu lista de tareas. Tu calendario de Google se llenará automáticamente con estas tareas de tu lista de tareas. De esta forma, tendrás más o menos un recordatorio de que tienes que hacerlas allá de donde vayas.

5. Zoom

Esta aplicación ha ganado mucha fama en el último año. Especialmente cuando la COVID-19 hizo que la mayoría de la gente se apresurara a encontrar formas alternativas de reunirse sin el contacto en persona. Zoom es perfecta cuando se tiene un negocio, se conversa con la familia o se asiste a una clase.

Gracias a las llamadas de audio y vídeo de alta calidad, mantenerse en contacto con las personas más importantes es más fácil que nunca. ¿Veremos el aumento de las reuniones con Zoom frente a las reuniones en persona en el futuro? Es una posibilidad. Sobre todo si además se reducen los tiempos de desplazamiento de la mayoría de la gente.

6. Asana

Ya hemos visto las aplicaciones que se centran en las tareas individuales. Pero, ¿qué pasa con los grupos pequeños y los equipos? Deja todo eso en manos de Asana. Con ella podrás establecer tareas para los miembros de tu equipo y ayudarles a hacer un seguimiento de su progreso. Podrás establecer y asignar tareas, priorizarlas fijando plazos y establecer detalles específicos para que todos los miembros del equipo sigan y hagan lo que se les asigna. Si estás buscando la aplicación perfecta, de fácil acceso y estupenda para llevar un control del progreso de todos, Asana es la aplicación a la que debes acudir.

7. Cold Turkey Blocker

Si estás buscando algo que reduzca las distracciones mientras trabajas en tu ordenador, Cold Turkey Blocker te será muy útil. Todo lo que tienes que hacer es programarlo para que "bloquee" los sitios web que te servirán de distracción (es decir, Facebook, Twitter, etc.). Cuando esto esté activado, intenta acceder a Facebook o a cualquier sitio web que hayas elegido bloquear. No lo conseguirás. Lo único que tienes que hacer es activarlo o programar la aplicación para que bloquee los sitios web en cuestión y ya está.

RECAPITULANDO

La disciplina y la fortaleza mental pueden estar al alcance de la mano incluso cuando estás trabajando para superarte a ti mismo. Al mismo tiempo, puedes hacer un seguimiento de tus progresos mientras utilizas tu smartphone. Tu smartphone no es tu enemigo cuando lo utilizas para las cosas correctas. Utilizarlo tiene sus ventajas, pero ten en cuenta que hay desventajas que pueden dificultar tu nivel de disciplina y fortaleza mental.

Asegúrate de consultar las numerosas aplicaciones que te ayudarán a gestionar tu tiempo, a mantenerte organizado y a seguir con tus tareas a lo largo del día. Las siete mencionadas anteriormente son sólo una muestra de las docenas de aplicaciones que están disponibles para descargar, tanto en tu smartphone como en tu ordenador.

V

APLICA LA DISCIPLINA Y LA FORTALEZA MENTAL EN TU VIDA

13

DEBES DESATASCARTE

Una de las cosas que la gente dice es "estoy atascado". Especialmente cuando intentan pasar de un punto a otro. Este capítulo te mostrará cómo conseguir "desatascarte". Hemos llegado a un punto en el que estar "atascado" es sólo una excusa para decir que no quieres hacer algo. O quizás estás esperando que algo o alguien te motive.

La verdad es que los que se quedan estancados nunca conseguirán hacer nada. Tenemos una sección dedicada a ello y nos sumergiremos en ella en breve. Como se ha mencionado antes en el libro, cuando se pretende encontrar la motivación, ésta suele ser esquiva. Es como un gato o un perro. Vendrá a ti, si se siente lo suficientemente cómoda como para acercarse a ti. Aunque suene raro, lo que intentamos decir es que lo último que quieres hacer es "perseguir" la motivación.

Cuando consigas hacer el trabajo, sabrás que la motivación ha llegado. No habrá nada que te detenga cuando empieces. Si estás buscando una nueva forma de obtener la motivación sin siquiera pensar en ella, sigue leyendo. Este capítulo te enseñará una nueva forma de motivarte (incluso si nunca antes la has encontrado en el pasado). Pongámonos en marcha:

¿NO TIENES GANAS DE HACERLO? ENTONCES NUNCA ACABARÁS HACIÉNDOLO

Anteriormente, hemos dicho que cuanto más sigas diciendo cosas negativas, más te convertirás en ello. Este es el caso cuando dices: "No tengo ganas de hacer esto o aquello". Por esta razón, cuando repites este proceso, desarrollas este hábito de no querer hacer nada. Así, acabas por no hacerlo. Este es uno de los síntomas de la procrastinación o de la pereza (dependiendo de si tienes o no aspiraciones de hacer algo).

La gente busca esos "momentos perfectos" para ponerse a hacer alguna tarea. Si no, ¿qué sentido tiene hacerla? La cuestión es la siguiente: si estás buscando un "momento perfecto", por fin podemos desvelarlo aquí mismo al mundo. Estamos tan emocionados que no podemos esperar más. El momento perfecto para empezar a hacer algo es... redoble de tambores, por favor... ¡ahora mismo! Sí, no hay "momento perfecto" mejor que "ahora mismo" para hacer algo.

Esperar al momento perfecto es una completa pérdida de tiempo. Y recuerda que el tiempo que pierdes es el que nunca recuperas. Es tan sencillo como eso. Puedes aceptar este hecho y ponerte en marcha o puedes ser un ejemplo del efecto Dunning-Kruger y ser consciente de ello mientras eliges no pasar a la acción. En cualquier caso, la elección es tuya.

Recuerda esta antigua cita: "El mejor momento para plantar un árbol fue hace 20 años. El segundo mejor momento es ahora".

SÓLO MANTÉN LA PELOTA RODANDO

A riesgo de convertir esto en un libro de texto de física, citamos lo siguiente de la Primera Ley de la Física de Newton: "Los objetos en reposo tienden a permanecer en reposo. Los objetos en movimiento tienden a permanecer en movimiento". Obviamente, la cuestión es que hay que moverse para conseguir algo. Hay algunas cosas que obviamente te ayudarán a ponerte en marcha. Evidentemente, la motivación en sí misma no es una de ellas. Tienes que encontrar un punto de partida para asegurarte de que coges el mayor impulso posible para poder pasar de una tarea a otra sin tener problemas.

Empezar a hacer algo puede ser tan sencillo como visualizar la propia acción y el resultado que le sigue. Piensa en la recompensa que obtendrás por un trabajo bien hecho. Piensa también en lo que podría pasar si no consigues hacer el trabajo. Visualizarlo e incorporar la emoción que conlleva, puede ser suficiente para poner en marcha la bola.

Otra cosa es programar tu mente para estar en el momento. Puedes hacerlo concentrándote en las técnicas de respiración de las que hemos hablado en el capítulo sobre mindfulness. Tener una mente clara y centrada en el ahora, te ayudará a conseguir una concentración como ninguna otra cosa. Cuando estás concentrado, es cuando la pelota se mueve. Y cuando se mueve, sigue moviéndose hasta que la tarea está completa. Pero si se trata de una tarea que requiere mucho tiempo, haz una parte del trabajo, tómate un descanso y sigue adelante.

Hay pequeñas tareas que debes completar antes de empezar. Quítate una de encima, y pasa a la siguiente. Y así sucesivamente. Recuerda que las pequeñas tareas te ayudarán a mantener la concentración. Y es un paso más hacia la consecución de lo que tienes que terminar, dicho y hecho. Te garantizamos que no te sentirás abrumado en lo más mínimo.

Una cosa que hay que recordar sobre la motivación. No es la motivación lo que empieza a mover la pelota. Es lo que mantiene la pelota en movimiento. En otras palabras, la motivación es el impulso. Mientras empieces con la visión en tu mente, de tener éxito en tus objetivos, la motivación te encontrará cuando sigas adelante.

HAZ QUE LAS TAREAS EXASPERANTES SEAN SOPORTABLES

En cada tarea que realizamos o en cada trabajo que desempeñamos, siempre hay una cosa que odiamos absolutamente hacer. Por ejemplo, si trabajas en una tienda de comestibles, algunas de tus tareas pueden incluir el cambio de los cubos de basura interiores y exteriores. Otra tarea es limpiar los baños. Son trabajos sucios, pero alguien tiene que hacerlos para mantener el lugar limpio. Te darás cuenta de que mucha gente odia hacer los trabajos sucios, por lo que transfieren la responsabilidad a otra persona. Naturalmente, esto puede enfadarte.

Sin embargo, no debería enfadarte. Debería darte la oportunidad de demostrar a los demás que, a diferencia de ellos, una tarea insoportable no te molesta en lo más mínimo. Es posible que tu jefe se dé cuenta y te elogie por ello. La cuestión es que no todas las personas de la Tierra tienen la fuerza mental ni el marco de pensamiento positivo para hacer los "trabajos sucios".

Pero no todas las tareas insoportables tienen que ser sucias. Sin embargo, requieren que tomes decisiones que podrían cambiar toda la trayectoria de la vida o la carrera de alguien. Incluso podría cambiar la trayectoria de todo un negocio. A veces, te enfrentarás a dos decisiones que tendrán resultados negativos en el otro extremo. Y esto impactará a alguien o a algo de una manera que no quieres ver. Así que, tomar una decisión en la que el impacto no sea tan grave es lo que buscas. Es una decisión que no quieres tomar, pero en el fondo es lo mejor para seguir adelante.

Las tareas insoportables también pueden ser "aburridas". Una forma de hacerlas lo menos aburridas posible es encontrar algo interesante en la tarea. No importa lo ridículo que parezca. Además, no tienes que compartir esa observación con otras personas. Simplemente encuentra algo que haga que la tarea sea menos aburrida de hacer. También puedes aprovechar la oportunidad de realizar una tarea aburrida para agudizar tu atención plena. Siente la tarea, escucha su sonido y haz las más pequeñas observaciones que nadie parece notar. Es mucho mejor que hacerlo en piloto automático mientras te quejas de ello, ¿verdad?

IMAGINA EL FUTURO QUE TIENES POR DELANTE

Visualizar el futuro y lo que puedes lograr, puede ayudarte e impulsarte para empezar a realizar las tareas que tienes entre manos. Imaginar un futuro en el que eres capaz de lograr cualquier cosa sin apenas demora puede ser suficiente para ponerte en marcha. Un futuro satisfactorio y positivo es lo que buscamos. No queremos quedarnos estancados en lo mismo de siempre, seis meses o incluso un año después. Aunque el futuro puede ser brillante para nosotros, hay que centrarse en el ahora para poder verlo en su totalidad.

Una de las técnicas de visualización que te resultará ventajosa cuando pienses en el futuro se conoce como la regla 10-10-10. La forma en que funciona es la siguiente: Imagina una decisión que estás a punto de tomar. Es algo que tendrá cierto grado de impacto en el transcurso del tiempo. Lo que debes hacer es visualizar la decisión como si ya la hubieras tomado. ¿Cómo te afectará 10 minutos después del hecho? ¿Y a los 10 meses? ¿Y a los 10 años?

Parece que hay una especie de efecto dominó que se produce con una sola decisión que has tomado. También puede tener algún tipo de impacto en el resto de las decisiones y eventos de la vida que ocurrirán en el futuro. Especialmente los que ocurrirán dentro de diez minutos. Por eso la visualización es tan importante. Puedes pensar en tomar la decisión y pensar en cómo te sientes al respecto.

Dentro de 10 meses o 10 años, sentirás que podrías haber hecho algo diferente. O puedes sentirte bien sabiendo que fue la decisión correcta y que no te arrepientes de haberla tomado. En cualquier caso, implicará un efecto en ti mucho después de haber tomado la decisión. Antes de tomar una decisión vital, utiliza la regla del 10-10-10 a tu favor al visualizar lo que probablemente ocurrirá una vez tomada.

La lección aquí es que cada decisión tendrá efectos a corto y largo plazo. Que sean negativos o positivos dependerá de lo que hayas decidido. En todo caso, esto te dará la oportunidad de reflexionar sobre tus decisiones y elegir la correcta sin dudarlo.

SAL ADELANTE, INCLUSO EN LOS PEORES DÍAS

En la vida, habrá días buenos y días malos. Y estarán los peores días de tu vida. Incluso en esos días, es mejor superarlos lo mejor que puedas. Una de las advertencias de superar los peores días es que tienes que mantener tus límites en mente. No quieres forzarte demasiado o esto tendrá efectos adversos en tu salud (tanto mental como física).

Trabajar durante tus peores días será una de las pruebas definitivas de tu disciplina y fortaleza mental. Las emociones negativas pasarán por tu mente. Está bien estar triste o enfadado por las cosas. Y recuerda que ser duro mentalmente no significa convertirse en un robot sin emociones. Sin embargo, no quieres que tus emociones te superen hasta el punto de que las decisiones que tomes se basen únicamente en tus emociones sin una pizca de lógica. Es probable que esto desvíe el rumbo de las cosas.

Incluso en tus peores días, la clave está en encontrar lo bueno entre lo malo. Por ejemplo, ¿qué pasaría si respiraras profundamente, te tomaras las cosas con calma y te dieras el tiempo suficiente para ordenar tus pensamientos y tomar una decisión importante que podría afectar a tu futuro? Puede que las cosas salgan mejor porque has reflexionado en lugar de dejar que la emoción te nuble el juicio.

Está bien cometer errores. No pasará nada si sigues adelante cuando el día no va como quieres. Lo único que importa es que las emociones no te afecten. Una cosa que te hará sentir mejor, a pesar de todo lo malo que ocurra en un día, son los sentimientos positivos que obtendrás cada vez que completes las tareas que hay que terminar. Te sentirás mucho mejor diez minutos después de terminarlas. Por no hablar de que te sentirás bien 10 meses y 10 años después. Pensarás en ese día y recordarás lo positivo que pasó, en lugar de lo malo.

LA DOPAMINA PUEDE SER TU MEJOR AMIGA O TU PEOR ENEMIGA

La dopamina es la sustancia química del cerebro que te hace sentir bien con las cosas. Puede ser tu mejor amigo o tu peor enemigo, dependiendo de la situación (o de las decisiones que tomes). En cualquier caso, tienes que pensar en cómo la dopamina puede servirte para mejor. Cuando comes algo poco saludable, la dopamina se libera para hacerte sentir bien por comer algo sabroso. Pero la realidad es que la dopamina en esta situación es como ese amigo que dice cosas sobre la lealtad y el respeto pero que se da la vuelta y te apuñala por la espalda años después. En este contexto, al comer comida basura, sufrirás las consecuencias a largo plazo, como el aumento de peso y los posibles efectos sobre la salud que conlleva.

También puedes conseguir un subidón de dopamina haciendo algo que tendrá un efecto positivo para ti a largo plazo (especialmente para tu salud). Se trata de entrenar tu mente para que libere esa dopamina cada vez que hagas las cosas correctas. ¿Y cómo se hace esto? Puedes hacer lo que se conoce como "ayuno de dopamina". Esto podría significar evitar las actividades habituales que haces para sentirte bien. Esto podría significar eliminar el uso del teléfono inteligente durante un corto período de tiempo. O podría significar no hablar con la gente durante un periodo de tiempo determinado (lo que puede ser arriesgado para aquellos que tienden a ser más sociables). Se trata de encontrar esa tarea que libera una buena cantidad de dopamina y eliminarla de tu vida temporalmente para restablecer tu cerebro.

Todavía no se sabe si funciona o no. Pero puedes probarlo durante un periodo corto, como una semana. Después de ese periodo, puedes decidir hacerlo durante otra semana. Hazlo hasta que sientas que hay un cambio en tu cerebro en el que puedes obtener el subidón de dopamina que necesitas de las cosas que puedes hacer en lugar de las que te dan pereza o te hacen estar inactivo.

Incluso si terminas una tarea en la que te costó empezar, la sensación de haberla hecho de todos modos te garantizará ese subidón de dopamina. Y será el primero de muchos si sigues haciéndolo.

RECAPITULANDO

Si estás atascado, la mejor manera de desatascarte es ponerte en marcha de todos modos. No tiene sentido esperar al momento adecuado o buscar esa motivación. Visualiza el futuro de la realización de la tarea y lo que ocurrirá después. Recuerda que cada decisión que tomes tendrá un impacto en ti dentro de diez minutos, diez meses y diez años. En esos plazos futuros, ¿te sentirás bien por ello? ¿O desearás haber actuado diferente cuando se te presentó la oportunidad?

También te enfrentarás a tareas que a nadie le gustará hacer. Depende de ti dar el ejemplo de que, aunque la tarea no sea algo que te guste, alguien tiene que hacerla de todos modos.

Visualizar el futuro será clave para lograr algo. Especialmente si estás teniendo el peor día de tu vida. Habrá días peores. Y te tocará poner a prueba tu disciplina y tu fortaleza mental para superarlos. Te sentirás bien y tendrás ese momento de positividad cuando consigas hacer algo.

Ese subidón de dopamina sin duda te hará sentir que las tareas que tienes que hacer no suponen ningún esfuerzo. Sin embargo, la liberación de dopamina puede seducirte a tomar malas decisiones, pero esto es sólo si permites que ocurran.

14

MANTENTE SALUDABLE Y EN FORMA

A unque la disciplina y la fortaleza mental se extienden por todos los aspectos de tu vida, también debes recordar utilizarlas cuando quieras llevar un estilo de vida saludable y en forma. Sin duda, el camino hacia una vida en la que estés más sano y en mejor forma será accidentado. Sin embargo, en este punto deberías tener la conciencia y el conocimiento de que necesitarás incorporar disciplina y fortaleza mental para iniciar el viaje, continuar en él y llegar al destino.

Cada persona tiene objetivos únicos cuando se trata de llevar una vida sana. Algunos pueden querer perder 20 libras, mientras que otros querrán perder sólo 10 libras. En cualquier caso, hay un objetivo que puedes establecer y alcanzar. Además, será mucho más fácil llegar a él siempre que seas consciente de los posibles contratiempos que puedan surgir de la nada en el camino.

Hablaremos de la disciplina y de cómo debería ser tan rutinaria como lavarse los dientes. También hablaremos de una rutina de ejercicios que te beneficiará. También hablaremos de otros hábitos que se relacionan con la salud y la forma física, como la dieta y el descanso nocturno. Aunque no somos expertos en fitness en lo más mínimo, este capítulo te ahorrará mucho tiempo y te ayudará a entender mejor porqué vivir una vida sana y en forma, se relaciona con la disciplina y la fortaleza mental.

Sigue leyendo si estás buscando enmendar tu vida en lo que respecta a tu estado físico general:

LA DISCIPLINA HARÁ QUE DOMINAR LOS FUNDAMENTOS DE LA SALUD Y LA FELICIDAD, SEAN TAN RUTINARIOS COMO LAVARSE LOS DIENTES

La verdad es que la disciplina será uno de los bloques de construcción clave para asegurarte de que te mantiene en la cima de tu salud y estado físico. Es importante incorporar la autodisciplina, ya que te ayudará a tomar decisiones con una mejor comprensión de las consecuencias o resultados (dependiendo de la magnitud de los mismos). Con esto nos referimos a lo siguiente: si tuvieras hambre y tuvieras que elegir entre McDonalds y Subway, ¿con cuál te quedarías? Sobre el papel, la elección es obvia. Subway tiene opciones mucho más saludables que McDonalds (a pesar de que este último sirve ensaladas como única opción saludable).

Si comes basura (aunque sea de forma constante), eso afectará negativamente a tu salud y tu forma física en general. Sin embargo, si decides abstenerte de comerla y optar por algo más saludable en su lugar, es una buena señal. La autodisciplina es la capacidad de contenerse y ceder a la tentación de algo que puede tener buen sabor, pero que realmente puede perjudicarte a largo plazo.

Con disciplina, puedes decir fácilmente "no" a la comida basura y sí a los alimentos que te ayudarán a ganar músculo, a rendir mejor en el gimnasio y a alejar cualquier dolencia que pueda agravarse en un momento. Además, la autodisciplina te mantendrá en el camino correcto en cuanto al uso del alcohol. En lugar de beber en exceso o emborracharte, puedes usar la moderación. La autodisciplina también puede ayudarte a mantenerte alejado de las drogas, que algunas personas utilizan para "escapar" de la vida en general.

Con una autodisciplina constante, es menos probable que tomes decisiones impulsivas. Podrás pensar con claridad y usar la cabeza a la hora de tomar una decisión. Por supuesto, las decisiones impulsivas no requieren que pienses en tus elecciones y acciones. Cuanto más se arraigue la disciplina en tu mente, más rutinaria se volverá.

La disciplina te ayudará a establecer una rutina que te asegure mantenerte en forma el mayor tiempo posible. Imagina que te levantas por la mañana y te preparas para hacer una carrera rápida de una milla antes de empezar el día. O salir de la cama, hacer un par de series de pesas y darla por terminado en 10 minutos. Con la disciplina de la rutina, será como una segunda naturaleza para ti.

TU RUTINA DIARIA DE EJERCICIOS

En primer lugar, tu rutina diaria de ejercicios puede realizarse en un momento del día en el que dispongas de una buena cantidad de tiempo para ti. Normalmente es en las primeras horas de la mañana. Para algunos, puede ser más tarde. Sin embargo, lo primero que hay que hacer antes de establecer una rutina de ejercicios, es elegir el bloque de tiempo que mejor se adapte a ti. Tenemos 24 horas en un día. Hay al menos un bloque de una hora al día que se considera "libre".

Recuerda que si "no tienes tiempo", lo que quieres es ordenar tus prioridades. Entonces, ¿cuál es exactamente tu rutina diaria de ejercicios? ¿Tiene que ser en el gimnasio? La buena noticia es que no tienes que ir al gimnasio para incorporar una rutina de ejercicios diaria. Puede ser tan sencillo como hacerlo en casa utilizando una esterilla de yoga, una pesa rusa o ambas cosas. Quieres que tu rutina de ejercicios sea lo más sencilla posible (aunque tengas un poco de tiempo libre).

La clave aquí es que no sólo quieres que sea simple, sino que también requiere pequeños pasos. Obviamente, con el fitness habrá momentos en los que harás lo mismo una y otra vez. Tres series de 12 repeticiones de un ejercicio (y lo mismo para los demás ejercicios que hayas planificado para el día). Cuanto más lo hagas, más fuerte y más en forma estarás.

EJERCICIOS SIMPLES QUE PUEDES PROBAR HACER

Si nunca has tenido una rutina de ejercicios y quieres empezar, te mostraremos cómo armar una con la ayuda de estos simples ejercicios que enumeraremos a continuación. No sólo podrás elegir un par para empezar, sino que podrás armar una rutina en la que puedas hacer una combinación de algunos ejercicios por día que se enfoquen en áreas específicas del cuerpo.

Estos son algunos ejercicios sencillos que deberías considerar probar por ti mismo (incluso si no tienes ni idea de cómo montar una rutina de fitness):

1. Estocadas

Si buscas un ejercicio que te ayude con el equilibrio y la fuerza de las piernas, las estocadas son uno de los ejercicios más fiables que existen. Para realizar las estocadas, esto es lo que tendrás que hacer:

- Ponte de pie con los pies paralelos al ancho de los hombros y los brazos abajo a los lados
- Con la pierna derecha, da un paso adelante y dobla la rodilla. Detente cuando tu muslo esté paralelo al suelo. Asegúrate también de que el pie no sobrepase la rodilla
- Con el pie derecho, empuja y vuelve a la posición de pie. Esto es una estocada. Ahora, haz lo mismo pero esta vez con la pierna izquierda.

2. Flexiones

Una de las formas más populares de calistenia que se practican hoy en día son las flexiones. Esto te ayudará a desarrollar la fuerza de la parte superior del cuerpo. Además, hay algunas variaciones que puedes probar una vez que las domines. Pero por ahora, vamos a ceñirnos a lo básico. Para realizar las flexiones, hay que hacerlas de la siguiente manera:

- Empieza en la posición de plancha. Tu cuerpo debe estar mirando hacia abajo con los brazos en posición estirada, apoyándote sobre las palmas de las manos y los pies que deben estar juntos o separados por un pie de distancia
- Dobla los codos y baja el cuerpo hasta el suelo. Asegúrate de que tu pecho apenas toque el suelo o al menos a un centímetro de él. Asegúrate de que los codos estén cerca del cuerpo al hacer esto
- Vuelve a la posición de plancha. Esto es una flexión. Repite todas las veces que sean necesarias. Puedes empezar con cinco, diez o quince. A medida que las domines, puedes intentar realizar tantas como tú quieras.

3. Sentadillas

Lo bueno de las sentadillas es que puedes hacerlas con pesas o simplemente utilizando tu propio peso corporal. Para mantener lo básico, este y otros ejercicios no requerirán pesas. Con eso en mente, aprendamos a hacer sentadillas:

- En posición de pie, asegúrate de que tus pies están separados a la anchura de los hombros
- Coge los brazos y levántalos por detrás de la cabeza. Puedes juntar las manos detrás de la cabeza o levantar los brazos hacia adelante a la altura del pecho
- Apoya tu cuerpo y mantén la cabeza y el pecho rectos. A continuación, baja las caderas y dobla las rodillas. El movimiento será como si te estuvieras sentando. Mantén la posición baja durante un segundo y vuelve a la posición de pie. Eso es una sentadilla
- Haz tantas sentadillas como sea necesario o haz un número determinado.

4. Burpees

Ahora, aquí es donde las cosas se pondrán realmente desafiantes. Y si te gustan los desafíos (probablemente lo hagas en este punto), es posible que quieras probar los burpees. Estos pueden ser lo más cercano a un entrenamiento de cuerpo completo (con un poco de cardio involucrado). ¿Cómo se hace un burpee? Vamos a mostrarte cómo:

- Empieza en posición de pie con los pies a la anchura de los hombros
- Dobla las rodillas como si estuvieras haciendo una sentadilla. Cuando llegues al punto más bajo, pasa a la posición de plancha apoyando tus manos sobre el piso y haz una flexión de brazos

- Después de realizar la flexión, vuelve a la posición de
  sentadilla y salta en el aire. Eso es una repetición
- Si eres un completo novato, realiza tres series de 10 burpees.
  Haz ajustes una vez que las domines y quieras más reto.

5. Planchas

Este puede ser uno de los ejercicios de abdominales más desafiantes que hay, a pesar de parecer tan simple de hacer. Para hacer una plancha, esto es lo que tienes que hacer:

- Ponte en posición como si estuvieras haciendo una flexión de
  brazos. O puedes apoyar los brazos en el suelo en una
  posición de 90 grados (apoyando los antebrazos en el suelo)
- Mantén la posición y tensa los músculos abdominales.
  Mantén la posición durante 30 a 60 segundos.

Estos cinco ejercicios son sólo una muestra de algunos de los ejercicios más básicos que puedes hacer a diario. No es necesario levantar grandes pesos para empezar a construir una rutina de fitness fiable que pueda realizarse casi todos los días. Además, sería conveniente que elijas un día de descanso para que tus músculos puedan recuperarse y reponerse.

ERES LO QUE COMES

Es cierto lo que dicen: somos lo que comemos. En este contexto, o eres sano o no eres sano. Entonces, ¿qué puedes hacer para asumir una identidad saludable? Además de hacer ejercicio con regularidad, llevar una dieta sana, será la clave para llevar una vida más saludable y en forma. Es aún más importante conocer algunos de los impresionantes beneficios que puede aportar una alimentación sana.

Todas las vitaminas y minerales esenciales que existen están relacionadas con diversos beneficios para la salud, como huesos fuertes, aumento de los niveles de testosterona, piel más clara y muchos otros. Así que es importante saber lo que comes si quieres obtener beneficios específicos, como reducir el riesgo de padecer enfermedades cardíacas o cánceres (sobre todo si te viene de familia).

Con la cantidad adecuada de cereales integrales, frutas y verduras (entre otros) como parte de tu dieta, estarás comiendo mucho más sano que la mayoría de la gente. Si estás pensando en comer de forma saludable, considera añadir algunas frutas y verduras frescas de la sección de productos agrícolas a tu lista de la compra la próxima vez. Además, opta por el pan integral en lugar del blanco. Además, considera la posibilidad de elegir opciones sin grasa o reducidas en grasa para la mayoría de los alimentos.

MEJORA TU SALUD EN GENERAL

Lo creas o no, la autodisciplina es un salvavidas. Mejorará tu salud en general, tanto en el sentido físico como mental. Si no estás en un nivel con el que te sientas satisfecho, es importante que te plantees hacer mejoras ahora y no más tarde. Lo primero que debes hacer siempre es consultar con un médico. Puedes empezar por programar una revisión (que deberías hacerte cada año). Tu médico podrá evaluar tu salud y ayudarte a emprender el camino hacia un estilo de vida saludable. Si se descubren algunos problemas de salud, tu médico puede recomendar medicamentos u otras alternativas para tratarlos.

Si se trata de problemas de salud mental, no hay que avergonzarse de buscar la ayuda de un profesional del campo de la salud mental. Puede ser un terapeuta o un psiquiatra. De este modo, podrás hablar con alguien sobre tus problemas. No te preocupes, todo se mantiene con estricta confidencialidad. Pero ten en cuenta que está bien hablar con alguien de confianza siempre que tengas problemas de salud mental. Además, ten en cuenta que puedes adquirir así fortaleza mental y disciplina aunque las cosas no vayan bien mentalmente para empezar.

¿CUÁNTO TIEMPO DE SUEÑO AFECTARÁ A TODO EL DÍA?

Dicen que se necesitan de 7 a 9 horas de sueño por noche para poder funcionar plenamente. La verdad es que un buen descanso nocturno será beneficioso para tu concentración. Por no hablar de que es saludable para ti tener un buen descanso nocturno. Si duermes lo suficiente, te despertarás renovado y con una mayor capacidad para concentrarte y utilizar esa energía para realizar el trabajo del día.

Pero dormir bien no sólo sirve para concentrarte. También te ayudará cuando quieras mejorar tu forma física por completo. Al dormir, tus músculos se repararán más rápido y te ayudarán a fortalecerlos. Además, quienes duermen una cantidad constante de horas por la noche serán menos propensos a consumir más calorías a lo largo del día. Por lo tanto, esto hará que la pérdida de peso sea mucho más fácil

MANTENTE SALUDABLE Y EN FORMA | 229

para la mayoría. Los que duermen mal tenderán a comer más a lo largo del día.

RECAPITULANDO

La disciplina es una de las piedras angulares para llevar un estilo de vida saludable y en forma (tanto mental como físicamente). No sólo debes mantenerte en buenas condiciones físicas, sino también adoptar una dieta que ayude a complementar ese estilo de vida saludable. Incluso si nunca has hecho ningún ejercicio, puedes probar algunos de los elementos básicos enumerados en el capítulo.

En términos de salud general, eres lo que comes. Así que haz lo posible por cambiar eso si estás comiendo alimentos que no son buenos para ti. Está bien darse un capricho siempre que sea con moderación. Pero llevar una dieta sana, en la que se obtengan muchas vitaminas y minerales, tendrá sus recompensas a largo plazo.

La mejora de tu salud general puede empezar por visitar a un médico y quizá a un profesional de la salud mental (si tienes problemas de salud mental). Se trata de personas que viven para ayudar a las personas a tomar el rumbo correcto para que puedan llevar una vida sana y más satisfactoria.

CONCLUSIÓN
COSAS QUE NO DEBES OLVIDAR

Antes de terminar, vamos a repasar algunas cosas que no debes olvidar. En primer lugar, te recordamos que este libro no es uno de esos libros de "una sola lectura". Te animamos a que tengas este libro a mano para que puedas utilizarlo como guía de referencia. Construir la disciplina y la fortaleza mental llevará tiempo. Y necesitarás algo a lo que recurrir en caso de que te atasques con algo. Este libro tendrá siempre a mano las instrucciones que te permitirán desatascarte.

Tu viaje hacia la disciplina y la fortaleza mental será una de las cosas más interesantes y desafiantes que hayas hecho en tu vida. Pero ten por seguro que la recompensa al final será aún más dulce. Vivirás una vida satisfactoria en la que podrás realizar las tareas en un momento dado y decir "no" a las cosas que te distraigan.

Ahora, echemos un vistazo a las cuatro cosas principales que no debes olvidar hacer:

HAZ UN MANTENIMIENTO CONSTANTE

Siempre tendrás que mantener la disciplina y la fortaleza mental. Al igual que la construcción de los músculos, que hay que mantenerlos con regularidad mediante una dieta rica en proteínas y un entrenamiento regular. ¿Cuáles son algunas de las mejores maneras de hacer el mantenimiento? En primer lugar, debes hacer un seguimiento de todo y revisar los datos una y otra vez. ¿Con qué frecuencia estás cumpliendo tus objetivos? ¿Cuánto tiempo te está llevando? ¿Hay algún dato que te indique que debes hacer cambios y mejoras?

Además, no debes dar por sentada tu red de apoyo. Debes hacer todo lo posible por mantenerte en contacto con ellos y apoyarte en los momentos en que te sientas inseguro o atascado con algo. Te darán consejos, ánimos y te recordarán que, pase lo que pase, tienes lo que hay que tener para llevar a cabo la tarea. Si hay personas en tu red que tienden a ser más negativas que positivas, es tu responsabilidad encontrar un sustituto adecuado y eliminar las actitudes tóxicas dentro de tu grupo de apoyo.

Tu red de apoyo no tiene por qué ser siempre la de tus amigos y familiares de confianza. Pueden ser personas afines en línea que compartan los mismos objetivos y aspiraciones que tú. En cualquier caso, siempre tendrás personas a las que recurrir cuando las cosas se pongan difíciles.

Uno de los últimos elementos para mantener la disciplina y la fortaleza mental es ser persistente. En otras palabras, seguir adelante. Mantener el impulso, sin importar lo que se interponga en tu camino. Imagina que eres un tren que va a toda velocidad y no tiene frenos.

Hay paredes de ladrillo en el camino. Y tú vas a una velocidad tan rápida que esos muros no tienen ninguna posibilidad. Los atraviesas y sigues avanzando a toda velocidad.

NUNCA ESTÁS SÓLO

Por supuesto, no eres el único que está viajando en el viaje. Sin ellos, no tendrás una red de apoyo de personas con ideas afines a la que recurrir. Hay más personas de las que crees que quieren inculcar la autodisciplina y la fortaleza mental. La buena noticia es que habrá un puñado de personas que alcanzarán el éxito. La noticia no tan buena es que algunos de ellos harán unos cuantos intentos más antes de poder conseguirlo finalmente. No importa el tiempo que le lleve a alguien desarrollar la disciplina y la fortaleza mental. Mientras lo intente, estará bien.

Sin embargo, lo que hay que saber, es que la cima puede ser solitaria. Eso es porque hay mucha gente que empezará a intentar un objetivo final. Pero pocos lo conseguirán realmente. Aunque en la cima haya unas cuantas personas, te sentirás solo y sentirás que eres el único que lo ha conseguido. Pero no dejes que ese pensamiento incorpore ningún sentimiento negativo. Puedes seguir conectando con las personas afines que lo han conseguido junto a ti.

Como ya hemos dicho, tu sistema de apoyo también te ayudará a ser más disciplinado y más fuerte mentalmente. Siempre tendrás personas a las que recurrir cuando tengas preguntas que hacer o si tienes problemas con algo. Recuerda que no hay que avergonzarse de pedir ayuda. Y nunca debes ser demasiado orgulloso para pedir ayuda. Sólo tienes que saber que tu sistema de apoyo siempre estará ahí, tanto si empiezas de cero como si ya te has vuelto más disciplinado y duro mentalmente.

MANTÉN LA HUMILDAD Y LA COMPASIÓN

Cuando las personas alcanzan por fin algún tipo de éxito, es habitual ver cómo cambian su comportamiento. Cuando alguien gana la lotería (por ejemplo), puede dejar que el dinero le cambie fácilmente y, por lo tanto, se comporta de una manera que puede afectar sus relaciones personales. En resumen, las personas que encuentran el éxito, a menudo dejan que se les suba a la cabeza. Pueden empezar a actuar con superioridad y pensar que son mejores que los demás. La verdad es que les falta disciplina y humildad. Claro, puede que tengan fortaleza mental. Pero eso es sólo una fachada que puede venirse abajo.

Cuando alcanzas nuevas metas y el éxito en tu vida, es importante seguir siendo humilde y compasivo. Incluso si eres disciplinado y mentalmente fuerte, siempre es una buena idea recordar a los que te han ayudado a levantarte. Tendrás que reconocer el mérito de quienes han sido capaces de acompañarte desde el primer día y más allá. Cuando seas mentalmente fuerte y disciplinado, tendrás que seguir mostrando compasión por aquellos que puedan estar luchando por alcanzar sus objetivos (o con la vida en general). No tienes que ayudar a todos los que están en apuros. Pero puedes hacer todo lo posible para indicarles la dirección correcta si te lo piden.

La humildad te permitirá no perder nunca de vista lo que agradeces. Con disciplina y fortaleza mental, es probable que seas más compasivo porque has lidiado con tus propias luchas en el pasado. Y puedes ser la persona que ayude a otros. Que la otra persona acepte o no esa ayuda depende de ella, así que no la fuerces.

Es muy probable que tú vengas de orígenes humildes. Y entiendas mejor lo que es no tener nada. Pon de tu parte para escuchar a los que tienen dificultades y ayudarles a resolver el problema. Puede que no tengas que resolverlo tú mismo. Pero puede que conozcas a alguien que sí lo haga. Además, no te matará formar parte de la red de apoyo de alguien también.

RECOMPÉNSATE

Por supuesto, te mereces una recompensa por todo el trabajo duro que has realizado. Cuando se trata de fomentar la disciplina y la fortaleza mental, es una buena idea recompensarse después de haber alcanzado un hito importante. Incluso el más pequeño de los pasos dados merece una pequeña recompensa. Si quieres pasar a la siguiente tarea sin apenas esfuerzo, es mejor que te recompenses para poder seguir adelante.

Cuanto más grandes sean las tareas, más dulce será la recompensa. Es como el viejo truco de la "zanahoria en un palo". Con la zanahoria colgando delante de ti, puedes ser el conejo que la persigue. Sólo después de un cierto periodo de tiempo en el que hayas realizado las tareas que te acercarán al objetivo, podrás disfrutar de esa zanahoria para ti.

Además, querrás recordar que habrá veces en las que no harás una tarea por accidente. Puede ocurrir debido a un olvido. Lo importante es no ser duro contigo mismo. Es fácil hacerlo cuando cometes un error que es trivial y no tiene mayor importancia. Así que, si metes la pata, acéptalo y sigue adelante. Recuérdate a ti mismo que está bien cometer errores. La verdadera disciplina consiste en evitar ser negativo tanto en tus pensamientos como en lo que te dices a ti mismo.

RECAPITULANDO

Cuando se trata de disciplina y fortaleza mental, es mejor construirla y mantenerla durante toda la vida. La vieja filosofía de "hazlo y olvídalo" no funcionará, ya que esto solo desarrollará tu autocomplacencia y borrará todos los progresos que hayas conseguido hacer. Es un trabajo duro, pero será mucho más fácil mantenerlo durante todos los días de tu vida.

Otra cosa que debes tener en cuenta es que nunca estarás solo en tu viaje. Habrá personas con ideas afines que compartirán los mismos objetivos y aspiraciones que tú. Se enfrentarán a retos similares. Y se encargarán de cumplir esos objetivos contra viento y marea. Estas personas también pueden convertirse en una red de apoyo distinta de la que forman tus amigos y familiares más cercanos. No te sentirás solo en tu viaje, aunque haya menos gente en la cima de la montaña.

Cuando por fin consigas el éxito, lo último que querrás hacer es que el éxito se te suba a la cabeza. Teniendo en cuenta que has empezado de cero y que entiendes las luchas por tener falta de disciplina y fortaleza mental, conserva esa humildad y compasión para que puedas usarla como una forma de posicionarte como la persona que ha estado allí antes. Especialmente cuando estás ayudando a alguien.

Por último, recompensarte a ti mismo es clave cuando quieres seguir adelante con la consecución de los objetivos que te has fijado. Recompénsate, ya sea por las pequeñas cosas o cuando hayas alcanzado un hito importante. Son las recompensas las que te harán seguir avanzando. Y antes de que te des cuenta, será misión cumplida.

www.ingramcontent.com/pod-product-compliance
Lightning Source LLC
Chambersburg PA
CBHW030242030426
42336CB00009B/212